La sériephilie

CULTURE POP

collection dirigée par Thibaut de Saint Maurice

La sériephilie

Sociologie d'un attachement culturel et place de la fiction dans la vie des jeunes adultes

Hervé Glevarec

Directeur de recherche CNRS

Laboratoire Communication et Politique, Paris

ellipses

ISBN 978-2-7298-7441-4

32, rue Bargue 75740 Paris cedex 15

www.editions-ellipses.fr

Sommaire

Cette étude a été réalisée dans le cadre d'une convention de recherche « Jeunes, Culture contemporaine et Appartenance » passée avec le département des Études et de la Prospective du ministère de la Culture, dont la responsable était Mme Sylvie Octobre.

Une première version du chapitre II a été publiée dans la revue *Questions de communication* : Hervé Glevarec, « Trouble dans la fiction. Effets de réel dans les séries télévisées contemporaines et post-télévision », *Questions de communication*, n° 18, 2010, p. 215-238.

À Michel Pinet

Introduction :
quelle sociologie pour une nouvelle culture ?

C'est une telle satisfaction. Enfin, moi franchement ça me met en joie. Enfin, c'est complètement débile, mais moi le fait de savoir que j'ai une bonne série à regarder le soir, ma journée elle est gagnée quoi.

(Bénédicte, 30 ans, commerciale)

Les séries télévisées américaines sont devenues depuis une dizaine d'années l'objet d'un investissement social et culturel que manifeste tout autant l'amateurisme déclaré d'une partie des individus pour ce genre que leur programmation dominante sur les chaînes de télévision au détriment de la fiction cinématographique. Elles se caractérisent, de façon nouvelle, par deux traits : leur anoblissement culturel et leur investissement passionné de la part de certains individus, notamment membres des catégories diplômées et supérieures, contrastant ainsi fortement avec le statut que la série télévisée avait aux yeux de leurs aînés il y a une trentaine d'années[1].

1. *Dallas* sert souvent d'exemple de la dévalorisation de ce type de biens. Pour une cartographie sociale et générique des genres télévisés dans les années 1980, on peut se reporter à l'article de J. Bourdon, « Propositions pour une sémiologie des genres audiovisuels », *Quaderni*, n° 4, 1988, p. 19-36. Pour sa réévaluation dans la période contemporaine nous renvoyons à notre article, où nous faisons subir une rotation historique d'un quart de tour au tableau de J. Bourdon. Voir H. Glevarec, « La tablature des genres culturels appliquée à la télévision », *Les Cahiers de la SFSIC*, n° 5, 2010, p. 18-19 ; I. Gaillard, « De l'étrange lucarne à la télévision. Histoire d'une banalisation (1949-1984) », *Ving-*

Les séries télévisées semblent suivre un processus de reconnaissance de leur valeur semblable à celui qui a affecté certains genres populaires[1] de la part d'amateurs déclarés appartenant aux professions intellectuelles, littéraires notamment. Les amateurs semblent s'entendre sur un champ d'objets culturels, les « séries télévisées contemporaines », dont le cœur est constitué de séries américaines produites depuis les années 1990 (*X-Files, Friends, Urgences* étant ici les pionnières régulièrement citées par nos interviewés[2]).

La consommation domestique des séries télévisées forme par ailleurs une pratique culturelle relativement nouvelle eu égard à son intensité chez certains individus et au nombre de productions diffusées depuis les années 1990 appartenant au genre de la série saisonnière à arc narratif. Si les séries contemporaines américaines ne sont pas les premières formes sérielles télévisées (avant et à côté d'elles il y eut notamment des feuilletons et des téléfilms[3]), ces productions télévisées n'ont jamais connu l'appropriation cultivée et la reconnaissance culturelle que les séries contemporaines ont acquises depuis une dizaine d'années. En regard, le long-métrage tend à devenir *un* des genres fictionnels audiovisuels possibles. De même, le film comme forme esthétique à prétention universelle et le cinéma en

---

tième siècle, vol. 3, n° 91, 2006, p. 9-23 ; V. Colonna, *L'art des séries télé ou comment surpasser les Américains*, Paris, Payot, 2010.

1. R. Peterson, "A Process Model of the Folk, Pop and Fine Arts Phases of Jazz", *in* C. Nanry (dir.), *American Music: From Storyville to Woodstock*, New Brunswick, Transaction Publishers, 1972, p. 135-151 ; T. Groensteen, « Contre-culture, culture de masse ou divertissement ? L'étrange destin de la bande dessinée », *Esprit*, 2002, p. 267-276 ; O. Roueff, « De la légitimité du jazz », *in* O. Donnat et P. Tolila (dir.), *Le(s) Public(s) de la culture. Politiques publiques et équipements culturel*, Paris, Presses de Sciences Po, 2003, p. 319-341; A. Collovald et É. Neveu, *Lire le noir. Enquête sur les lecteurs de récits policiers*, Paris, BPI/CGP, 2004 ; H. Glevarec, « La fin du modèle classique de la légitimité culturelle. Hétérogénéisation des ordres de légitimité et régime contemporain de justice culturelle. L'exemple du champ musical », *in* É. Maigret et É. Macé (dir.), *Penser les médiacultures. Nouvelles pratiques et nouvelles approches de la représentation du monde*, Paris, Armand Colin/INA, 2005, p. 69-102.
2. S. Chalvon-Demersay a étudié la réception de séries américaines ou françaises comme *Urgences* ou *l'Instit*. B. Villez a analysé les séries télévisées judiciaires américaines dont elle montre la valeur pédagogique et signale le renouveau dans la décennie 1990. Voir S. Chalvon-Demersay, « La confusion des sentiments. Une enquête sur la série télévisée *Urgences* », *Réseaux*, n° 95, 1999, p. 235-283 ; « Enquête sur des publics particulièrement concernés. La réception de *L'instit* et d'*Urgences* », *in* D. Cefaï Daniel et D. Pasquier (dir.), *Les Sens du public. Publics politiques, publics médiatiques*, Paris, PUF, 2003, p. 503-519 ; B. Villez, *Séries télé : visions de la justice*, Paris, PUF, 2005.
3. S. Benassi, *Séries et feuilletons TV. Pour une typologie des fictions télévisuelles*, Liège, Éditions du Céfal, 2000.

salle comme condition de réception ne forment plus la configuration de référence, idéale-typique, de l'œuvre de fiction audiovisuelle.

La passion déclarée pour les séries, que l'on appellera sériephilie, s'accompagne d'un amateurisme à valeur plus générale pour certains genres culturels issus du développement des médias et des industries culturelles[1]. La montée en puissance des séries télévisées en même temps que leur téléchargement en temps réel et surtout leur visionnage au domicile, ont produit un objet fortement articulé à la technologie Internet et informatique et échappant pour une part à l'institution télévisuelle. La consommation télévisée en direct des séries n'est en effet qu'une des formes possibles de leur consommation, eu égard à l'usage permis par le téléchargement ou le visionnage en *streaming* qui autorise les individus à organiser leur consommation selon des temporalités choisies. Elle manifeste un déplacement des pratiques de visionnage dans l'espace domestique « entamant la légitimité de la salle[2] ».

Parallèlement à un renouveau des séries feuilletonnantes, un amateurisme permis par les supports DVD, ordinateur et Internet, s'est déployé. Il est dorénavant soutenu par les industries culturelles. Depuis quelques années un changement de statut affecte la figure de l'amateur tant du côté de la sociologie[3] que du côté des industries culturelles. « Devenir fan. Suivez les coulisses de *Braquo* sur Facebook » titre un bandeau du site Internet de la série policière diffusée en 2009 sur la chaîne française payante Canal +. Le site Internet Allociné fait à la même date la même proposition. La posture fan est ainsi devenue un outil marketing auquel les opérateurs de télévision recourent explicitement. Être fan est dorénavant un statut. Après le dédain associé à l'attitude amateur dont a parlé Henry Jenkins[4], puis sa description positive comme culture active et expressive, le temps serait venu de l'encouragement par le marché des formes d'engagement passionné dans

1. J.-C. Ambroise et C. Le Bart, *Les Fans des Beatles. Sociologie d'une passion*, Rennes, PUR, 2000.
2. E. Ethis, *Sociologie du cinéma et de ses publics*, Paris, Armand Colin, 2009 (1re éd. 2005), p. 36.
3. H. Jenkins, *Textual Poachers: Television Fans and Participatory Culture*, New York, Routledge, 1992 ; A. Hennion et S. Maisonneuve, *Figures de l'amateur*, Paris, La Documentation française, 2001 ; Ph. Le Guern (dir.), *Les Cultes médiatiques. Culture fan et œuvres cultes*, Rennes, PUR, 2002 et « "No matter what they do, they can never let you down..." Entre esthétique et politique : sociologie des fans, un bilan critique », *Réseaux*, n° 153, 2009, p. 19-54 ; P. Flichy, *Le Sacre de l'amateur. Sociologie des passions ordinaires à l'ère numérique*, Paris, Seuil, 2010.
4. H. Jenkins, *op. cit.*

la culture. Pour que la posture fan se retrouve ainsi prise dans le discours marketing, il faut qu'elle apparaisse valorisante aux yeux des acteurs des industries culturelles plutôt qu'embarrassante ou illégitime.

Élargissement du champ du dicible et du pensable

L'enquête auprès des amateurs témoigne que les séries télévisées américaines des années 1990 et 2000 ont élargi le champ du dicible et du pensable. C'est là peut-être même leur effet anthropologique majeur. Elles ont opéré un déplacement du champ des représentations et des discours à l'endroit des personnes et des situations du monde. En énonçant et en rendant visible un certain nombre de comportements, de contenus de pensée, de situations humaines ordinaires ou collectives, elles ont stupéfait et transgressé ; elles semblent même autoriser les individus à agir ou à penser en empruntant à leurs contenus. Voici ce qu'écrivait sur sa page Facebook une jeune professeure des écoles en avril 2012 : « *Ce matin, pour préparer les enfants, j'ai fait ma Lynette [personnage de Desperate Housewives]…. Étape n° 1 : mettre Tom et Jerry à fond sur l'ordi dans le salon. Étape n° 2 : préparer des pains au lait fourrés de Nutella. Étape n° 3 : attendre que les enfants soient sur le canap, fascinés par l'écran et la bouche pleine de Nutella pour les habiller sans qu'ils s'en rendent compte. Au final : enfants prêts à l'heure, sans cris, sans larmes !* ;-) »

L'institutrice citée ne dit pas qu'elle est ou se reconnaît ou encore qu'elle ressemble à Lynette de la série *Desperate Housewives*, qui met en scène quatre femmes au foyer (ou travaillant), mais qu'elle *fait comme Lynette*. Tout se passe comme si ce personnage l'autorisait à agir, elle, d'une façon peu légitime, peu éducative. Autrement dit, ce personnage déplace pour elle la ligne de ce qu'elle s'autorise sinon à faire, du moins à déclarer de façon quasi publique.

Ce déplacement du dicible et du pensable pourrait en cela être replacé dans le prolongement de la « télévision de l'intimité[1] », son accentuation à la fois dans l'ordre du visible (le meurtre et la torture dans *24H Chrono*, les actes sexuels dans *Oz* ou *Rome*, le répréhensible dans *Breaking Bad* par exemple) et dans l'ordre du dicible (les fantasmes par exemple dans

1. D. Mehl, *La télévision de l'intimité*, Paris, Seuil, 1996.

In Treatment, les désirs et pratiques sexuelles dans *Sex and the City*). Les séries américaines ont pris en charge des cadres fictionnels peu évidents quant aux thèmes et au public non familial visé, comme les Pompes funèbres (*Six Feet Under*), un tueur en série (*Dexter*) ou même des Urgences hospitalières (*Urgences*). Les chapitres II et III de l'ouvrage donneront corps à cette interprétation en montrant qu'aux yeux de leurs amateurs ces séries offrent d'une part un contenu inédit et transgressif par rapport aux représentations antérieures des situations subjectives, sociales et politiques, dont témoigne la catégorie de « l'hyper-réalisme », et suscitent d'autre part un trouble quant aux personnages qui sont moins les supports d'identification que de réflexion, suscitée par leur identité et leur rapport aux situations et dont témoigne la place centrale de leur « face cachée » (à travers la voix *off* notamment). Si l'on peut soutenir que les séries ont déplacé les lignes existantes du dicible et du pensable c'est parce qu'elles constituent pour leurs amateurs un ensemble d'objets culturels qui forment un genre, différant ainsi du film de cinéma, et produisent des œuvres (de qualité), comme le soutiendra le chapitre I.

INTIMITÉ VS LES VISAGE CINÉMATOGRAPH.

Les séries comme genre et comme œuvres

Les séries saisonnières qui sont au cœur de cette pratique forment un genre à part entière qui n'existait pas de façon visible en France jusqu'à peu. Ce genre est celui de la série dite saisonnière de 12 ou 24 épisodes[1], proche des « séries feuilletonnantes » des années 1960. Les genres français relèvent plus traditionnellement soit du téléfilm, issu ou non de l'adaptation littéraire[2], soit de la série unitaire (tel que *L'instit* a pu le représenter), soit du feuilleton (incarné par *Plus belle la vie*). Le trait dominant de la série américaine se caractérise par un arc de saison, la trame qui constitue le fil

1. Les calendriers de l'industrie américaine de la série sont réguliers : la période reine va de début/mi-janvier à fin mai/mi-juin. Les « grandes séries » (*24 Heures Chrono, Desperate Housewives*) ont de 22 à 26 épisodes. Il y a parfois des semaines « à double épisode » à la fin de la saison. Les séries moins importantes vont de fin août/début septembre à fin décembre/mi-janvier permettant ainsi un autre cycle « long » de 22 à 24 épisodes. Entre les deux, soit durant la période estivale, on trouve les séries plus courtes et spécifiques (*Les 4400* par exemple) de 12 épisodes en moyenne. On peut se reporter plus généralement à D. Buxton, *Les Séries télévisées. Forme, idéologie et mode de production*, Paris, L'Harmattan, 2010.
2. S. Chalvon-Demersay, « Le deuxième souffle des adaptations », *L'Homme*, n° 175-176, 2005, p. 77-112.

conducteur entre les épisodes, et des épisodes relativement autonomes[1]. C'est cette articulation spécifique entre les deux axes, horizontal de la saison et vertical de l'épisode, qui permet de caractériser les séries, des plus feuilletonnantes (*Lost* ou *24 Heures Chrono* par exemple) aux plus unitaires (*Cold Case, FBI : Portés disparus…*).

La multiplication des personnages et celle des lignes narratives, ainsi que le rapport au contexte historique et sociologique, caractérisent les séries contemporaines. Les deux premiers traits ont été, aux yeux des analystes du champ de production américain d'où viennent ces séries, depuis longtemps mis en évidence comme caractères de la « *quality television* », dont Jane Feuer dit qu'elle n'est pas une catégorie de jugement mais un *genre* qui s'oppose à la « *regular television* » sans désigner non plus la « bonne télévision[2] ». À ces traits formels s'ajoutent dans le cas des séries contemporaines américaines, et de certaines séries françaises, des contenus communs relatifs aux difficultés existentielles des personnages, déjà mis en évidence par Sabine Chalvon-Demersay dès *Urgences*[3], et plus récemment encore au dévoilement des faces cachées des individus et des situations.

On objectera sans doute que le cinéma d'avant les séries américaines avait déjà tout inventé, qu'il avait ses fans, ses « séries » (*Rambo 1, 2 et 3*). On mentionnera aussitôt que la littérature fin dix-neuviémiste avait déjà mis en place le principe sériel à travers le feuilleton littéraire, ses personnages, son rythme, sa trame et ses péripéties[4], suivie en cela par la radio[5]. En quoi, dans sa structure de production et de réception la consommation sérielle télévisée est-elle différente de celle qui caractérisa

1. J. Feuer, P. Kerr et T. Vahimagi (dir.), *MTM Quality Television*, Londres, BFI Publishing, 1984.
2. « Relever des traits de *qualité* d'un programme c'est ne rien affirmer de sa valeur », écrit S. Cardwell dans "Is Quality Television Any Good?", *in* J. McCabe et K. Akass (dir.), *Quality TV: Contemporary American Television and Beyond*, London, I. B. Tauris, 2007, p. 29. Ce serait comme relever les traits d'un genre musical. Il apparaît toutefois que le genre « *quality television* » signale la valeur culturelle acquise par un genre télévisuel dans les années 1980 aux yeux des universitaires américains et anglais. J. Feuer, P. Kerr et T. Vahimagi (dir.), *op. cit.*; C. Brunsdon, "Problems with Quality", *Screen*, vol. 31, n° 1, 1990, p. 67-90; S. Cardwell, *op. cit.*
3. S. Chalvon-Demersay, « La confusion des sentiments. Une enquête sur la série télévisée *Urgences* », *op. cit.*
4. L. Quéffelec-Dumasy, *Le Roman-feuilleton au XIXe siècle*, Paris, PUF, coll. « Que sais-je ? », 1989; L. Dumasy (dir.), *La Querelle du roman-feuilleton. Littérature, presse et politique, un débat précurseur. 1836-1848*, Grenoble, Ellug, 2000.
5. H. Herzog, "What do we really know about daytime serial listeners", *in* P. Lazarsfeld et F. Stanton (dir.), *Radio Research. 1942-1943*, New York, Duel/Sloan and Pearce, 1944, p. 3-33.

le roman-feuilleton journalier de la fin du XIXe siècle ? La différence entre feuilleton et série comme modalités particulières de pratiques *en continu* et *addictives* est-elle avérée ? En fait, la limite de la comparaison se trouve sans doute chaque fois que les contemporains considèrent une identité de pratique (lire un feuilleton il y a un siècle et visionner une série télévisée aujourd'hui) comme une identité de significations et de ressorts. Qu'il y ait une identité de forme et d'attachement, d'engagement régulier avec un bien culturel, ne signifie pas pour autant que ces biens (la presse et l'image) renvoient la même configuration de pratiques et de spectateurs. Les transgressions au cœur des séries télévisées sont narratives, éthiques et politiques et opèrent dans un contexte culturel (audiovisuel) et historique qui n'a rien à voir avec celui des *Mystères de Paris* d'Eugène Sue.

Trois traits peuvent être avancés qui différencient les feuilletons littéraires des séries contemporaines : la polysémie textuelle, la compétence des lecteurs et, enfin, les effets de réel. Du côté du texte, les séries atteignent une polyphonie que les feuilletons littéraires n'ont sans doute jamais atteinte et que les spécialistes de littérature qualifieraient davantage de « dialogiques[1] ». Du côté de la réception, les spectateurs de séries télévisées ont une compétence multimédiatique qui tient à l'environnement culturel et médiatique qui est le leur depuis la prime enfance, bien éloignée de celle des lecteurs des romans-feuilletons. Il faudrait enfin montrer que les formes sérielles du passé ont atteint le niveau d'« effet de réel » des séries contemporaines, leur mélange de la longue durée (sur plusieurs années) et de la vie quotidienne ou au quotidien, éventuellement articulé par des rendez-vous hebdomadaires.

Les auteurs anglo-saxons isolent un âge d'or de la « télévision de qualité » entre les années 1980 et mi-1990[2], période que Robert Thompson

1. Soit une pluralité de discours. Je dois cette idée à J. Migozzi, transmises à l'occasion du colloque « Les séries télévisées américaines contemporaines : entre la fiction, les faits et le réel » (5 au 7 mai 2011, Université Paris-Diderot, organisé par A. Hudelet et S. Vasset). Voir J. Migozzi, « Mauvais genres et bons livres : ce n'est qu'un début, continuons le débat », *in* L. Artiaga (dir.), *Le Roman populaire. 1836-1960. Des premiers feuilletons aux adaptations télévisuelles*, Paris, Autrement, 2008, p. 157-167.
2. « Second » par rapport à un premier âge d'or de la télévision aux États-Unis durant la décennie 1950. Voir J. Feuer, P. Kerr et T. Vahimagi (dir.), *op. cit.* ; R. J. Thompson, *Television's Second Golden Age: From Hill Street Blues to Er*, New York, Syracuse University Press, 1997 ; J. McCabe et K. Akass (dir.), *Quality TV: Contemporary American Television and Beyond*, London, I. B. Tauris, 2007.

caractérise par un modèle de télévision « qui aspire au “réalisme[1]” ». Si les séries apparues dans les années 1980 peuvent être qualifiées de « réalistes » (*Dallas, Hill Street Blues*) et mettent en scène progressivement des mondes ordinaires, les séries américaines créées à partir des années 1990 (*Urgences, Six Feet Under, 24 Heures Chrono, Lost, Dexter*, etc.) se caractérisent non pas tant par leur réalisme que par leur rapport d'insertion au monde d'ici et maintenant. La décennie 1990 s'ouvre par l'innovation de *Twin Peaks* et de *Law and Order*[2], mais aussi par celles de séries comme *X-Files, Friends* et *Urgences*. En ce sens, les séries contemporaines, qui s'inscrivent dans le monde et inscrivent le monde dans leur diégèse[3], formeraient un moment créatif encore différent[4].

Un changement du régime de valeur ascétique de la culture

L'intérêt sociologique que représente le nouvel amateurisme pour les séries télévisées américaines et nationales tient à la fois à l'examen d'une pratique culturelle renouvelée et à la mise en valeur d'une diversification de ce que nous appellerons les « régimes de valeur culturels », ainsi qu'à la promotion d'une sphère culturelle servant d'appui aux identités sociales des individus. L'enquête sociologique révèle que la consommation de séries télévisées s'articule à un « régime de valeur culturel », à savoir un nouveau rapport à la culture, à sa signification et à ses modalités de consommation. Cette notion, proposée par John Frow, est une notion qui vise à rendre compte de l'articulation de valeurs et d'usages dans les activités culturelles, variable selon les textes et les publics[5]. Un « régime de valeur » gouverne les usages (appropriés ou constatés) d'un bien par un groupe social. Assister

1. R. J. Thompson, *op. cit.*, p. 15.
2. « Ainsi, ces deux séries de 1990 [*Twin Peaks* et *Law and Order*], écrit S. Barthes, mettent en œuvre deux principes existants, mais jusque là assez peu utilisés, de la série télévisée : l'intertextualité et la réflexivité. Ces deux types de relation à l'extériorité du discours de la série vont sans cesse être maniés et développés dans les séries télévisées contemporaines, jusqu'à en devenir un élément constitutif majeur». Voir S. Barthes, *Du « temps de cerveau disponible » ? Rhétorique et sémiostylistique des séries télévisées dramatiques américaines de* primetime *diffusées entre 1990 et 2005*, thèse de doctorat, Université Paris-Sorbonne, 2010.
3. La diégèse désigne l'univers spatio-temporel d'une fiction.
4. S. Sepulchre (dir.), *Décoder les séries télévisées*, Paris, De Boeck, 2011.
5. J. Frow, « Cultural studies et valeur culturelle », *in* H. Glevarec (dir.), *Cultural Studies. Anthologie*, Paris, Armand Colin, 2008 (1re éd. 1995).

à une pièce de théâtre, regarder un film en salle, regarder une série sur un écran domestique, aller au concert de musique lyrique, aller au concert de musique rock, regarder un match de foot, lire un livre, etc., engagent des manières de pratiquer, de déguster *et* simultanément des valeurs attachées à ces activités, comme, à titre d'exemple, celle de valoriser « l'alternatif » contre le « commercial », le « plaisir » contre la « prise de tête ». Ces régimes de valeur sont de surcroît qualifiés « d'incommensurables » les uns par rapport aux autres. Il nous est apparu que cette notion était pertinente pour décrire la configuration d'usages et le système de valeurs de la consommation des séries télévisées par les amateurs que nous avons rencontrés, ce dans un rapport nouveau avec le modèle ascétique, que la cinéphilie des « auteurs » incarne aussi. L'enjeu est ainsi de confronter cette configuration au régime de valeur ascétique dont Bernard Lahire dit qu'il incarne dans le champ de la culture « l'invariant historique de l'idéologie de la domination[1] » et dont il trouve dans *La Distinction* de Pierre Bourdieu l'exposé le plus tranchant.

Il paraît en effet juste d'avancer que l'histoire du champ culturel s'accompagne d'un modèle de « régime de valeur » que l'historiographie théâtrale de Lawrence Levine et la sociologie d'après-guerre de Bourdieu permettent de décrire comme régime de valeur institutionnel et distinctif de nature ascétique[2]. Ces deux traits désignent en effet que l'expérience culturelle, en l'occurrence chez Lawrence Levine l'expérience du théâtre, va se définir progressivement comme pratique codifiée (caractérisée par exemple par la contrainte corporelle pendant la représentation), en même temps qu'elle élabore un ensemble de valeurs. Nous ne mentionnons pas le modèle de légitimation du théâtre analysée par Levine pour mettre en valeur un processus d'élitisation et de sacralisation d'une œuvre culturelle, mais pour insister précisément sur l'idée que c'est un « régime de valeur » qui en émerge. Le résultat est un « régime de valeur » de l'expérience théâtrale, de ce que c'est qu'aller au théâtre, institutionnel et distinctif, pour en résumer l'expérience à ces deux mots. Or, la situation contemporaine d'extension de l'offre culturelle et de pluralisation des situations de pratique

1. B. Lahire, *La Culture des individus. Dissonances culturelles et distinction de soi*, Paris, La Découverte, 2004, p. 691.
2. L. W. Levine, *Culture d'en haut, culture d'en bas. L'émergence des hiérarchies culturelles aux États-Unis*, Paris, La Découverte, 2010.

des loisirs diversifie les régimes de valeur et modifie le modèle institutionnel et distinctif, tout autant que son envers, le modèle populaire et « ordinaire » de consommation culturelle. Ainsi, l'expérience théâtrale s'est-elle sans doute diversifiée tout autant que l'expérience cinéphilique.

Dans les termes de la sociologie de la distinction de Pierre Bourdieu, une hiérarchie des « régimes de valeur » existe et un régime de valeur dit légitime, appliqué et applicable à tous les objets culturels, domine, caractérisé par la « distanciation esthétique » (par rapport à la perception de premier degré[1]) et par la codification des manières de consommer (« mettre les formes »). À la différence du régime attaché à la distinction et au rapport cultivé à la culture, le régime de valeur de la sériephilie ne suppose ni une hiérarchie entre des « modes d'appropriation de l'œuvre d'art » (Bourdieu), ni un universalisme des régimes de valeur, un supérieur dominant les autres (par exemple le régime associant la musique classique, voire contemporaine, aux valeurs de grandeur esthétique et d'ascétisme de l'écoute dominant les autres[2]). La consommation des séries témoigne de la place prise par un régime de valeur du plaisir situé. C'est en ce sens qu'elle contraste sociologiquement et historiquement avec le modèle dominant dont Bourdieu a pu faire état[3].

L'expérience cinématographique en salle n'échappe pas à ce régime de valeur dominant et à sa synthèse dans la cinéphilie[4]. Horaire fixe, déplacement extérieur, présence d'autres personnes, « occasion spéciale », difficulté à s'échapper du film, film vu en intégralité, sont autant de traits d'un régime de valeur d'une pratique culturelle qui apparaissent arbitraires, pour certains contraignants même, dès qu'apparaît un autre « régime de valeur ». Le visionnage des films en VHS puis en DVD ne semble guère avoir provoqué un tel bouleversement du régime de valeur cinématographique. De même la télévision a tendanciellement renforcé « l'imprégnation-cinéma » des pratiquants, à savoir un goût et la maîtrise de certains codes propres à la fréquentation du cinéma, et l'indistinction

1. P. Bourdieu, *La Distinction*, Paris, Éditions de Minuit, 1979.
2. P.-M. Menger, « L'oreille spéculative. Consommation et perception de la musique contemporaine », *Revue française de sociologie*, vol. 27, n° 3, 1986, p. 445-479.
3. H. Glevarec, « La fin du modèle classique de la légitimité culturelle. Hétérogénéisation des ordres de légitimité et régime contemporain de justice culturelle. L'exemple du champ musical », *op. cit.*
4. A. de Baecque, *La Cinéphilie. Invention d'un regard, histoire d'une culture. 1944-1968*, Paris, Hachette, coll. « Pluriel Arts », 2005; E. Ethis, *Sociologie du cinéma et de ses publics*, *op. cit.*

des téléspectateurs qui abordent le film de cinéma comme n'importe quel autre programme télévisuel[1]. Dans cette configuration des rapports entre cinéma et télévision, le régime de valeur du cinéma est différent et supérieur à celui qu'implique alors la télévision, comme le rapportent clairement Régine Chaniac et Jean-Pierre Jézéquel : le régime du film est celui du choix (accompagné d'attentes cognitives et de normes sociales), celui de la télévision est celui du « subi[2] ». À la fin des années 1980 et au début des années 1990, le cinéma perd sa place prédominante dans les programmes télévisés au profit des variétés et des fictions télévisées. Son image se dégrade[3]. Le statut unique, autoritaire, « pur » de la consommation en salle apparaît dans tout son arbitraire culturel quand il s'affirme exclusif de toute autre consommation authentique d'un film que celle de la salle. Or, le régime de valeur de la consommation domestique d'un film (par exemple sur l'ordinateur portable) ou celui d'une série se caractérisant par l'arrêt volontaire du film et sa poursuite ultérieure, le choix du moment de visionnage et la régularité quotidienne de visionnage mettent à mal l'idée qu'une œuvre de fiction se consomme selon les modalités de la projection collective en salle à heures fixes.

C'est en ce sens que la sériephilie diffère de la cinéphilie érudite[4] et peut-être même de la cinéphilie ordinaire avec laquelle elle partage un régime du plaisir, selon la description qu'en font Laurent Jullier et Jean-Marc Leveratto[5] ; elle ne vient pas des professionnels du cinéma, mais davantage des gens de lettres, et plus encore des amateurs eux-mêmes, servis par la technologie Internet. Le nombre de ces passionnés semble bien plus considérable que les quelques centaines de fervents cinéphiles des années 1950, selon Antoine de Baecque[6]. Elle n'est pas « l'invention d'un regard » ou un « voir autrement », mais attachement à des univers fictionnels. Au modèle

1. M. Roman, *Le Film de cinéma à la télévision*, Paris, INA/Carat-TV, 1990, p. 49-64.
2. R. Chaniac et J.-P. Jézéquel, *Télévision et cinéma. Le désenchantement*, Paris, Nathan/INA, 1998, p. 86.
3. Des séries, semblables dans leur format aux téléfilms unitaires (séries dites « à héros récurrent »), font, en France, de plus grandes audiences que le cinéma. C'est le cas de *L'instit, Julie Lescaut, Navarro, Les Cordier juge et flic*. Voir R. Chaniac et J.-P. Jézéquel, *Télévision et cinéma. Le désenchantement, op. cit.*, p. 114; 138.
4. N. Heinich, « Aux origines de la cinéphilie : les étapes de la perception artistique », *in* J.-P. Esquenazi (dir.), *Politique des auteurs et théories du cinéma*, Paris, L'Harmattan, 2003, p. 9-38 ; A. de Baecque, *op. cit.*
5. L. Jullier et J.-M. Leveratto, *Cinéphiles et cinéphilie*, Paris, Armand Colin, 2010.
6. A. de Baecque, *op. cit.*, p. 23.

sémiologique de la cinéphilie, elle oppose l'effet de réel, à la « morsure » (être « mordus de cinéma », dit Antoine de Baecque) « l'addiction », à la « forme » (« souverain souci formel ») le « personnage » ; les passionnés de séries contemporaines ne sont pas des militants mais des existentialistes. Ils valorisent moins les auteurs et les genres que les univers fictionnels et leur proximité de conditions. « *À partir du moment où c'est le truc que je regarde le plus le soir,* dit Quentin, 22 ans, ingénieur, *je crois que l'on peut parler de sériephage ou de l'équivalent du cinéphile.* »

Intérêt des jeunes adultes pour les séries

Dans les années 1990, les séries télévisées américaines étaient investies par les jeunes adultes[1]. En 2008, ils sont presque deux fois plus nombreux que les plus de 50 ans à déclarer, dans l'enquête sur les pratiques culturelles des Français, avoir regardé trois séries postérieures à 1990[2]. Depuis le début des années 2000, la consommation sérielle s'est élargie au-delà des amateurs, premiers découvreurs, d'alors, souvent jeunes adultes diplômés. Ils ne sont plus seuls à déclarer un enthousiasme, parce qu'un processus puissant de valorisation est en cours et surtout parce que le DVD et la vidéo à la demande (VOD) ont élargi la base sociale des amateurs au-delà de ceux qui les regardaient *via* le téléchargement ou le *streaming.* Les séries américaines sont de surcroît rejointes par les fictions françaises qui font leur *aggiornamento,* comme en témoignent les séries *Engrenages, Reporters, Scalp* ou encore *Braquo.* De fait, si la consommation des séries a pu apparaître ces dernières années comme une pratique d'amateur fortement investie, elle est aussi une pratique plus ordinaire pour un certain nombre de gens, qui n'en ont vu qu'un petit nombre et en voient peu au quotidien.

Les données de l'enquête sur les pratiques culturelles des Français de 2008 confirment ce qu'une analyse du profil des amateurs d'un site de téléchargement de sous-titres avait permis d'indiquer en 2007[3]: la pratique des

1. H. Glevarec et M. Pinet, « "Cent fois mieux qu'un film." Le goût des jeunes adultes pour les nouvelles séries télévisées américaines », *Médiamorphoses,* n° hors-série janvier 2007, p. 124-133.
2. H. Glevarec et M. Pinet, « Les publics français des séries télévisées : le goût des jeunes diplômés pour les séries américaines », *in* M. Julier-Costes et J. Lachance (dir.), *Séries cultes chez les jeunes et adolescents,* Laval, Presses Universitaires de Laval, 2012.
3. H. Glevarec et M. Pinet, « "Cent fois mieux qu'un film." Le goût des jeunes adultes pour les nouvelles séries télévisées américaines », article cité.

séries télévisées est une pratique forte chez les jeunes adultes (voir tableau 1). En effet, les taux de citation d'au moins trois séries sont les plus forts chez les 20-24 ans (58 %), les étudiants et les diplômés de niveau licence.

Une enquête sur la population des jeunes adultes peut s'autoriser de la valeur qu'y prend cette pratique pour une majorité de ces membres et se spécifier sur un segment d'amateurs qui se manifestent comme public[1] et se revendiquent comme *passionnés* dans les entretiens. « *C'est une passion*, me dit Géraldine, 21 ans, étudiante, *on y met du temps, c'est comme si j'aimais aller à la pêche ou, j'en sais rien, faire d'un instrument.* »

> *Il m'a fallu très longtemps pour arriver à convaincre les gens que c'était une vraie passion comme une autre. C'est-à-dire qu'un mec soit passionné de foot, tout le monde trouve ça normal, qu'on soit passionné de tout et n'importe quoi, tout le monde trouve ça normal, mais pour les gens, les séries télé, c'est : « Ah bon ! »* [...] *Pour les gens, regarder la télé, ça peut pas être une passion. C'est un loisir qu'on fait comme ça, en passant, pour s'occuper. Alors que moi c'est vraiment pas le cas.*
>
> (Bénédicte, 30 ans, commerciale, *Friends, Desperate Housewives, NCIS, Bones*)

Notre analyse s'appuie sur une enquête qualitative par entretiens semi-directifs auprès de vingt-deux amateurs, âgés, sauf exception, de 20 à 30 ans, choisi pour leur amateurisme déclaré des séries, sur une période qui va de 2006 à 2010[2]. Ces amateurs ont été choisis selon le critère de leur goût déclaré ou connu pour les séries[3]. Nous avons retenu autant d'hommes que

1. D. Dayan (dir.), *À la recherche du public. Réception, Télévision, Médias*, Hermès, vol. 11-12, 1993.
2. Nous mentionnons en annexe la liste des personnes interviewées. Les séries indiquées dans l'identification des citations sont les séries apparues comme importantes au moment de l'entretien pour nos interviewés, séries du moment ou séries antérieures. Nos interviewés ont cependant visionné un nombre bien plus considérable de séries que les quelques mentionnées.
3. Pour autant, nos amateurs, touchés par l'intermédiaire de connaissances, n'étaient pas nécessairement des « *purs fans* », comme les décrit Carl, 27 ans : « *Le fan, à mon avis c'est vraiment celui qui va chercher des éléments complémentaires à la série* ». Nous ne traitons pas ici de la dimension du goût pour les séries qui est engagée sur les forums de discussion spécialisés, non plus que celle de contribution directe à l'élaboration de sous-titres (voir par exemple É. Dagiral et L. Tessier, « 24 heures ! Le sous-titrage amateur des nouvelles séries télévisées », *in* F. Gaudez (dir.), *Les Arts moyens aujourd'hui. Tome II*, Paris, L'Harmattan, 2008, p. 107-123). Elle est une dimension notable de la pratique passionnée de certains des amateurs que nous avons pu rencontrer (ils traduisent, relisent, synchronisent les sous-titres français).

de femmes. Nos interviewés appartiennent aux catégories moyennes ou supérieures ou sont étudiants. Nous nous sommes donnés pour objectif de faire décrire aux individus leurs séries appréciées ou rejetées, les modalités de leur pratique, ainsi que le statut qu'ils pouvaient accorder à ces objets culturels, notamment leur relation au film de cinéma.

Quel niveau d'analyse à la sociologie de la réception des séries ?

Le vocabulaire du lien des amateurs aux séries emprunte aux verbes *décrocher, suivre, comprendre, se mettre dedans, être perdu, laisser tomber.*

> [Lost], *j'ai décroché pas mal d'épisodes avant la fin. Le souci c'est que c'était très dur de suivre cette série. Des fois, j'avais du mal à comprendre, enfin si on ratait un épisode c'est clair que c'était mort, on arrivait plus à suivre. À un moment donné j'ai dû décrocher à quelques épisodes alors que mon compagnon suivait encore. Je lui ai dit : « je comprends plus, je ne comprends pas ce qui se passe, pourquoi tel personnage il est comme ça ou il fait ceci. »* [...] *J'ai pas réussi.*
>
> (Morgane, 31 ans, secrétaire, *Desperate Housewives, Dexter, Nip/Tuck, Friends, Malcom, Sex and the City, Newport Beach*)

Tout porte à concevoir la réception des séries comme une situation dans laquelle le spectateur est engagé. Engagé dans des processus de compréhension de la situation. Pourquoi décide-t-il d'arrêter l'épisode, d'éteindre sa télévision ou son ordinateur ? La série n'a pas su l'engager. Il semble qu'il faille partir de la situation, se situer dedans, accrocher les expériences des amateurs dans la situation de visionnage pour comprendre un aspect essentiel de la réception des séries. Nous défendrons donc une analyse de la réception comme enquête et travail du spectateur. C'est pourquoi aussi, le modèle du décodage et de la convention générique ne peut suffire à saisir la réception des séries. La meilleure clé de compréhension de la réception des séries serait alors un travail pragmatique, cognitif, moral, intellectuel mené du côté du récepteur.

Tableau 1 : Nombre de séries regardées régulièrement selon les variables sociodémographiques[1]

Sur 100 personnes déclarent avoir regardé régulièrement	aucune série	une série	deux séries	trois séries
Total	26	15	14	45
Sexe				
Homme	31	16	13	40
Femme	21	15	14	50
Âge				
De 14 à 19 ans	13	17	19	52
De 20 à 24 ans	12	12	18	58
De 25 à 29 ans	18	11	16	55
De 30 à 39 ans	19	13	12	55
De 40 à 49 ans	25	14	12	49
De 50 à 54 ans	30	20	11	39
De 55 à 59 ans	29	18	13	40
De 60 à 64 ans	37	14	10	39
De 65 à 69 ans	37	15	13	35
70 ans et plus	38	19	15	28
PCS de l'enquêté				
Agriculteurs	46	11	14	28
Artisans, commerçants et chefs d'entreprise	33	17	12	38
Cadres et prof. libérales	36	14	12	38
Prof. intermédiaires	28	16	12	43
Employés	21	15	14	50
Ouvriers	26	16	14	44
Lycéens, étudiants	12	15	18	55
Inactifs sans ancienne PCS	27	16	12	45
Diplôme le plus élevé				
Aucun diplôme	24	16	15	44
CEP	32	19	13	36
BEPC	19	15	19	46
CAP-BEP	26	15	11	47
BAC, BP-BT-BS	23	14	14	49
DEUG, DUT, BTS	22	12	15	51
Licence	26	9	9	57
2e cycle univers. et plus	30	14	12	45

Source : enquête Pratiques culturelles des Français 2008, DEPS, ministère de la Culture/Clersé / LCP-CNRS.

Champ : ensemble des Français âgés de 15 ans et plus. Par construction, l'item « 3 séries » peut correspondre pour partie pour certains individus à « 3 séries ou plus », la question se limitant à trois séries.

1 Michel Pinet, chercheur au Centre Lillois d'étude et de recherche sociologique et économique, a produit le résultat statistique.

> [*Quand je regarde une série*] *je pense que j'ai plutôt tendance à m'impliquer, oui, mais au niveau de l'histoire, au niveau de… à me dire : « qu'est-ce qui peut se passer ? » J'aime bien me triturer un peu les méninges, dès qu'il y a une petite énigme, me dire : « tiens, qu'est-ce que ça peut être ? »*
>
> (Aurélien, 25 ans, étudiant à l'IUFM, *Véronica Mars, Battlestar Galactica*)

Des *Soprano*, Georges, 59 ans, dit que « *la question de fond pourrait être "quel est le crime le plus grave ?" C'est de voler de l'argent ou de tromper sa femme ?* » Il indique que sa réception est soutenue d'une attente. « *Est-ce qu'on se pose la question : "est-ce qu'il va se faire pincer ?" Est-ce qu'on se pose la question : "est-ce que la famille va être déstructurée ?" Probablement que ça joue. Oui. Des gens disparaissent, le crime est présent. Ils sont quand même des vrais mafieux, ce ne sont pas des mafieux d'opérette.* »

Au sens strict, la réception est le moment devant l'écran. Sauf à nier ce moment pragmatique de visionnage, et à ce compte tous les « moments vécus » de la vie, ce temps est bien celui de la réception ; on pourrait l'appeler « le temps de la réception[1] » et donner à la dite « réception » du langage de la sociologie et des sciences de l'information et de la communication l'extension conceptuelle permettant de couvrir l'ensemble des faits et discours *à propos de* telle production télévisuelle. Que les sociologues l'entendent plus largement comme réception *ante* ou *ex-post* (à l'image de ce que Dominique Boullier a appelé « la conversation-télé » et qui fait partie de la réception[2]), comme conditions à la réception ou effets de la réception, ne change rien à l'existence d'un « moment de la réception », le temps où l'on est devant l'écran, *temps indexé à la réception* : si les récepteurs ne formulent quelque chose sur un personnage que plus tard, c'est que cette formulation sur un caractère, une crédibilité, etc., ne se produit qu'indexée au visionnage d'épisodes à venir. Une fois ce moment reconnu, il s'agit de savoir ce que l'on peut dire de ce temps situé de la réception. Les sociologues semblent avoir refermé ce temps, au nom de sa non-observabilité ou de son intériorité. Ne font-ils pas un peu comme celui qui négligerait le temps de l'acte sexuel sous prétexte qu'il ne s'y observe rien en dehors des corps en mouvement ? Des propos, on est susceptible de récupérer des

1. E. Ethis utilise aussi le terme pour le cinéma (*Pour une po(i)étique du questionnaire en sociologie de la culture. Le spectateur imaginé*, Paris, L'Harmattan, 2004, p. 135).
2. D. Boullier, *La Conversation télé*, Rennes, LARES, 1987.

fantasmes. Même informulée ou difficilement formulable par un spectateur, la réception est supposée explicitable par le sociologue dès l'instant qu'il demande le pourquoi d'aimer ou de ne pas aimer telle série, de continuer ou de ne pas continuer à regarder telle autre. Que recueille-t-il alors ? Il recueille des explicitations qui, logiquement *ex-post*, relèvent bien d'un moment situé de réception ou de moments situés de réception mis en relation, c'est-à-dire d'un moment où il s'agit bien de ce moment-là, de cet autre, parce qu'il affecte de telle ou telle manière.

Dès l'instant qu'un individu peut se dire amateur de séries télévisées mais ne pas aimer *Prison Break* ou *Desperate Housewives*, avoir aimé les quatre premières saisons de *Gossip Girl* mais décroché ensuite, c'est que les points d'attache aux séries sont à la fois individualisés *et* partagés, contextualisés *et* persistants. Le sociologue de la réception se doit alors de clarifier quel type de sociologie de la réception il mène, c'est-à-dire quel est le niveau auquel il pense devoir attacher les raisons d'aimer une série ou les séries. La question des niveaux d'analyse de la réception est aussi la façon de répondre à la question intellectuelle inévitable qui se pose au sociologue quand il enquête sur la réception d'une ou de séries : ce qu'il recueille à travers le discours de ses interviewés concerne-t-il le lien à telle série (*Urgences* ou *Dexter* par exemple) ou le lien aux séries télévisées contemporaines en général ou le lien à la fiction audiovisuelle actuelle en soi ? Les raisons qu'il avance à l'intérêt pour cette série sont-elles les mêmes pour telle autre ? La formule qui « croche », comme disent les Suisses, tel amateur à telle série est-elle spécifique à telle série ? L'intérêt des interviewés pour cette série concerne-t-il la série dans son entier ou telle saison ? Il semble utile de clarifier le niveau de réception auquel se situe l'analyse.

La sociologie de la réception peut légitimement (malgré sa difficulté d'accès) défendre un niveau *situé* de l'analyse[1], celui de l'épisode d'une série, au nom de la co-présence même à l'œuvre. À toute réception il y a en effet un niveau *situé*, celui de l'expérience concrète d'un spectateur qui décide par exemple de cesser de regarder une série au cours ou après tel épisode (l'expérience est aussi repérable chez l'amateur de théâtre qui

1. Nous empruntons le terme à la sociologie de l'action située qui s'intéresse aux activités ici et maintenant des individus (voir L. Quéré et A. Ogien, *Le Vocabulaire de la sociologie de l'action*, Paris, Ellipses, 2005).

quitte une représentation, qui commente ou qui réagit physiquement[1]). Un spectateur des deux premières saisons de *Fais pas ci, fais pas ça*[2] peut cesser de regarder la saison 3 à partir de son expérience des premiers épisodes, qu'il peut juger décevants, caricaturaux, peu crédibles, etc., bref à partir de raisons attachées aux épisodes. Ce niveau pourrait même s'imposer dans le cadre du format *sériel* pour lequel le fait de *suivre* ou d'*abandonner* est un critère central de la réception.

La réception peut aussi légitimement s'arrêter au niveau de *telle* série en particulier, au nom de l'appréciation ou du rejet chaque fois particularisé et circonstancié des spectateurs qui l'apprécient plus ou moins, voire cessent délibérément de la regarder à tel ou tel épisode. Le niveau de l'unicité d'une série possède sans doute un argument fort pour toute analyse sociologique s'en tenant au seuil de l'univers propre à une série en particulier, qui diffère par ses caractéristiques d'une autre, et particularise, par définition, le rapport des spectateurs et des publics. C'est ainsi que procède Marie-Josée Friche Pape à propos de la réception de *Desperate Housewives*. Ce qui lie un public de jeunes femmes à cette série semble tenir à *l'identité de conditions de genre* que celles-ci y trouvent[3]. N'est-ce pas à ce niveau que la sociologie des publics conçus comme entités réflexives se situe[4] ? Il n'y a de public que de telle série en particulier. Mais on peut aussi être « public » de séries télévisées en général, c'est notre objet ici.

La réception peut s'intéresser au niveau de la série de genre (comédie, policière, médicale, judiciaire, etc.) tout comme la sociologie de la culture s'intéresse au goût pour un genre musical, la musique classique ou le rock, la danse contemporaine ou classique. La réception d'un genre peut trouver dans les réflexions de Gérard Genette sur la généricité un argument utile. Selon Genette, il est fort probable que l'on ne puisse aimer autre chose

1. E. Ethis, J.-L. Fabiani et D. Malinas, *Avignon ou le Public participant. Une sociologie du spectateur réinventé*, Montpellier, L'Entretemps, 2008.
2. Série française diffusée sur France 2 depuis 2007.
3. « Les femmes trentenaires d'aujourd'hui doivent affronter beaucoup de problèmes », dit une spectatrice. Voir M.-J. Friche Pape, *Réflexion de femmes sur des femmes : étude de réception de la série télévisée Desperate Housewives*, mémoire de certificat, Université de Genève, 2007.
4. D. Dayan : *À la recherche du public. Réception, Télévision, Médias*, Hermès, vol. 11-12, 1993 ; « Le double corps du téléspectateur », *in* S. Proulx (dir.), *Accusé de Réception. Le spectateur construit par les sciences sociales*, Laval/Paris, Presses de l'Université de Laval/L'Harmattan, 1998, p. 175-189 ; « Télévision, le presque-public », *Réseaux*, n° 100, 2000, p. 427-456.

qu'un genre, à savoir aimer (déjà) un genre dans une œuvre. « "Aimer (ou détester) un auteur", ou "un artiste", comme nous ne cessons de le faire et surtout de le dire, c'est déjà, ou encore, aimer un genre, puisque un auteur ou un artiste n'est rien d'autre qu'une classe et/ou un groupe d'œuvres. [...] Rien n'est tout à fait singulier, rien n'est absolument générique : dès lors qu'on *sait* ce qu'on aime, cette connaissance introduit dans ce sentiment, si j'ose dire, un ferment de généricité, puisque de généralité. À la question "peut-on aimer un genre ?", la bonne réponse est donc peut-être cette autre question : "peut-on vraiment aimer autre chose[1] ?" ».

La sociologie de la réception peut aussi traiter des séries en général, de façon plus ou moins large, les américaines, les françaises, les anciennes, les contemporaines. Du niveau de la « série de genre » au niveau du « genre sériel » lui-même, sans doute y a-t-il une proximité telle qu'ils relèvent tous les deux d'un même niveau *générique.*

Enfin, il existe sans doute un niveau d'ordre quasi-anthropologique de la sociologie de la réception. C'est là, nous semble-t-il, que se situe la réflexion de Sabine Chalvon-Demersay quand elle énonce que la fiction sérielle est une contribution au rapport social et moral des individus au monde contemporain. Les séries télévisées fournissent des ressources, on irait jusqu'à dire des savoirs comme le ferait l'école, utiles à se guider et à poser des questions[2]. Tout ceci veut dire que la fiction pose d'authentiques problèmes moraux que les sciences de l'homme n'ont pas à mépriser. La sociologie des cadres cognitifs fournis par la fiction sérielle est, on le voit, quasiment une anthropologie; en ce sens aussi, que son objet soit la série importe peu; ce qu'elle énonce pourrait tout aussi bien se déduire de la fiction cinématographique, du téléfilm ou même du roman[3]. Rien n'em-

1. G. Genette, « Peut-on aimer un genre ? », *in* Y. Michaux (dir.), *Qu'est-ce que la culture ?*, Paris, Odile Jacob, vol. 6, 2001.
2. Non seulement, la fiction sérielle contribue à refaçonner les identités professionnelles à travers ses nombreuses mises en scène d'univers de travail, mais « elle peut être mobilisée pour établir des versions cohérentes et acceptables de la réalité sociale et servir de point d'appui à la compréhension de sa propre expérience, en la rapportant non seulement au monde dans lequel nous vivons mais aussi à celui dans lequel nous souhaiterions vivre. » Voir S. Chalvon-Demersay, « Fiction policière et identité sociale virtuelle », *in* P. Beylot et G. Sellier (dir.), *Les Séries policières*, Paris, INA/L'Harmattan, 2004, p. 323.
3. C'est exactement le cas à propos de l'usage du roman, du moins du roman réaliste du XIXe siècle, qui est un « lire le monde avec le roman » d'après J. Lyon-Caen : « Si tous ces lecteurs veulent nourrir de réel l'œuvre romanesque en cours ou à venir, ce n'est pas seulement qu'ils ne perçoivent pas

pêche en effet de considérer que les films de cinéma ou les livres ont fourni et fournissent autant de cadres cognitifs et d'outils à la structuration des expériences individuelles, des mondes possibles et des identités (comme les sociologues de la lecture ou du cinéma ont pu le montrer[1]).

Il faut sans doute considérer que toute sociologie de la réception d'une œuvre de fiction part de son objet, à savoir de l'effet de telle fiction sur un individu. Pas de réception sans objet vu. Il existe certes des discours sur ce que l'on n'a jamais vu mais ils ne constituent pas une sociologie de la réception au sens plein. Il semble assez pertinent de fonder *a minima* toute sociologie de la réception d'une fiction sur les au moins quelques secondes de son visionnage. C'est pourquoi le tableau ci-avant situe en première ligne le niveau *situé* de consommation d'une série. Il en faut au moins un, très court peut-être, mais nécessaire pour entamer une sociologie de la réception d'un autre niveau qui soit fondé un tant soit peu sur un objet, cause d'un discours et d'un jugement.

La distinction analytique de ces niveaux vise à mieux situer le discours interprétatif de la sociologie en regard d'une *réception* qui, elle, circule *effectivement* du niveau situé au niveau anthropologique, sans cesse, avant de se sédimenter.

Relativement à ce tableau, notre analyse tend à se situer aux deux niveaux du genre « série télévisée » et de la « réception située » d'un épisode. Le premier niveau est celui où se rencontre un amateurisme des jeunes adultes pour un genre, qui trouve son point de capiton entre public privilégié de jeunes adultes et séries contemporaines dans le « devenir adulte » propre à une société comme la France. Le deuxième niveau est celui où se situe ce que nous désignerons d'« effets de réel » des séries contemporaines, traits liés à l'articulation particulière de ses œuvres à *notre* conjoncture historique et à l'histoire propre aux fictions audiovisuelles (leur genre et leur contenu d'avant ces séries).

Nous défendrons l'inadéquation des catégories du réalisme et de l'identification et la pertinence des catégories de l'effet de réel et de l'identité

de rupture entre le réel et le romanesque : c'est qu'ils appréhendent le monde à partir de romans qui leur rendent le réel lisible et dicible. » (*La Lecture et la Vie. Les usages du roman au temps de Balzac*, Paris, Tallandier, 2006, p. 153).

1. J. Radway, *Reading the Romance: Women, Patriarchy and Popular Literature*, Chapel Hill, UNC Press, 1984.

fictionnelle. Demandant à Aurélien d'essayer de restituer ce qui se passe quand il déclare qu'il « *plonge* » dans une série ou s'il s'identifie à des personnages, nous obtenons comme réponse : « *J'essaie de me mettre en situation. (rires) Quand je regarde une série, non, je ne pense pas que je m'identifie aux personnages.* » Avant de déployer ces deux niveaux d'attachement des jeunes adultes aux séries, nous proposons une description des formes de cette sériephilie[1]. Elle se caractérise par la reconnaissance et la constitution d'un genre, une hiérarchie d'amateurs des œuvres de « qualité » dans le genre et une forme addictive de consommation.

1. A. Hennion, « Une sociologie des attachements. D'une sociologie de la culture à une pragmatique de l'amateur », *Sociétés*, vol. 3, n° 85, 2004, p. 9-24.

Tableau 2 : Les niveaux d'analyse de la sociologie de la réception

Citations	**L'intérêt**	**Réception appuyée sur**	**Niveau considéré par le sociologue**
« *C'était très dur de suivre cette série [Lost]. Si on ratait un épisode, c'était clair que c'était mort, on pouvait plus, on arrivait plus à suivre. Et à un moment donné j'ai dû décrocher à quelques épisodes alors que mon compagnon suivait encore et je lui ai dit : "Je comprend pas ce qui se passe. Je comprends pas pourquoi tel personnage il est comme ça."* » (Morgane, 31 ans)	s'attache à la narration	le temps situé de la consom-mation	tel épisode en particulier
« Desperate Housewives, *je commence à lâcher car c'est tout le temps la même chose.* » (Deborah, étudiante en master)	s'attache à l'histoire et au monde fictionnels	l'activité de comparaison entre les épisodes	telle série en particulier
« *Je m'ennuie devant une série française alors après ça peut venir du scénario qui est... Je ne sais pas. Je pense que ça manque d'originalité aussi, les séries françaises sont toutes les mêmes.* » (Aurélien, 25 ans)	s'attache au genre de la série proposé	le savoir propre à un genre de série en particulier	la série de genre

« ***Tu pense que ce sont des mondes idéaux les séries ?*** *Non, pas du tout justement parce que ce sont vraiment des mondes où les personnages ne sont pas parfaits. Ils ont leurs qualités, ils ont leurs défauts et justement, justement ça permet peut-être d'être rassuré quelque part, de se dire que de toute façon les problèmes, c'est pour tout le monde pareil et qui s'ils en font des séries, c'est que c'est vraiment partout pareil.* » (Aurélien, 25 ans)	s'attache à la forme sérielle	ce genre culturel en particulier (la série télévisée)	la série télévisée
« *La série, directement on est plongé dedans le livre… c'est l'imagination. Finalement, il y a beaucoup d'imagination. Et on se fait un petit peu notre propre histoire parce que… Par exemple, ça m'est arrivée de lire un bouquin, et de voir ensuite à la télévision l'histoire et souvent c'est pas du tout ce qu'on s'imaginait.* » (Estelle, 30 ans)	s'attache à la fiction audiovisuelle	ce type de fiction artistique (i. e. l'audiovisuelle) en particulier	la fiction audiovisuelle

I. Le régime de valeur culturel d'une pratique contemporaine : le sens de « l'addiction »

Anoblissement des séries télévisées et constitution d'un genre

Pierre, 29 ans, professeur d'histoire-géographie dans un lycée bordelais, rencontré en janvier 2009, se disait très « *gros consommateur de séries* » – parfois il fait des « *marathons séries* », en « *mange cinq dans l'après-midi* ». Pierre parle des « *codes* » sociaux et de la « *duperie* » qui entourent la valeur du cinéma. La légitimité du film et du cinéma tient à sa légitimation sociale et à ses règles plutôt qu'à ses qualités propres, dit-il. Il serait en ce sens un très bon sociologue de l'analyse de l'arbitraire de toute culture perçue ou se présentant comme légitime. Il indique surtout que la légitimité du cinéma ne s'impose plus, qu'elle lui apparaît relative et sociale, extérieure. Il dessine ainsi les contours de deux régimes de valeur propres, autonomes, de moins en moins hiérarchisés ou hiérarchisables, entre film de cinéma et série télévisée.

À mon avis, je suis dupé comme la majorité des gens. Pourquoi je vous dis que c'est un art ? [Parce qu'] *il y a une sacralisation dans le cinéma, qui n'existe pas dans la série. C'est pour ça que je vous dis que ce n'est pas un art. Et je tombe dans le même piège que les autres, à savoir qu'il y a certaines séries, certains épisodes de* Six Feet Under *qui valent des millions de films de cinéma. On est d'accord. Mais voilà, il y a une sacralisation du cinéma, par ses codes, le fait d'y aller. Je suis la première victime de ce genre de choses.*

(Pierre, 29 ans, professeur d'histoire-géographie, *Dawson, Dexter, Six Feet Under, Les Frères Scott*)

L'affirmation que le film est un *art*, à la différence de la série télévisée, s'appuie pour Pierre sur sa légitimation sociale et sur un corpus de règles. Voir un film s'accompagne d'un *schéma*. Cette affirmation à l'endroit du cinéma est contrebalancée par la mention d'une même présence des genres, des situations et des acteurs dans les deux formes culturelles. Ainsi, aux yeux de cet amateur, les séries télévisées américaines ont pour conséquence de faire apparaître les conventions du cinéma et du long-métrage comme *un* genre audiovisuel fictionnel parmi d'autres. Par sa temporalité plus « proche » du temps réel, la série tend à sortir des codes et de la convention narrative attachés au récit du long-métrage cinématographique, notamment de l'ellipse[1].

En France, les séries télévisées sont prises, on le voit, dans un processus de requalification de leur valeur. Aux États-Unis, ce processus est ancien et a fait l'objet d'une considération universitaire. La télévision de qualité (*quality television*) se définit pour Robert Thompson par ce qu'elle n'est pas, de la *regular television*[2] ; elle est historiquement produite dans le cadre de chaînes comme HBO (Home Box Office) dont la caractéristique est de correspondre à une fin des « grands réseaux » (*networks*) et du grand public au profit d'une différenciation des publics[3]. La *quality television* a laquelle sont associées les séries télévisées saisonnières contemporaines a été initialement fabriquée pour des « *quality demographics* », à savoir

1. J. Nacache, *Hollywood, l'ellipse et l'infilmé*, Paris, L'Harmattan, 2001.
2. R. J. Thompson, *op. cit.*, p. 13.
3. D. L. Jaramillo, "The Family Racket: AOL Time Warner, HBO, *The Sopranos*, and the Construction of a Quality Brand", *Journal of Communication Inquiry*, vol. 26, n° 1, 2002, p. 59-75 ; C. L. Buckley, M. Leverette et B. L. Ott, *It's Not TV: Watching HBO in the Post-Television Era*, London, Routledge, 2008.

des audiences états-uniennes capables de payer le câble[1]. Le syntagme « d'audience de qualité » signale une distinction sociale.

Si la légitimité culturelle d'un bien est adossée à sa légitimité sociale, c'est-à-dire mesurée de façon homologique à son public, selon Pierre Bourdieu (1979), elle tend à s'en détacher dans le cas des séries télévisées, et plus généralement à propos de nombreux biens culturels contemporains ; en effet, certains biens sont à la fois pratiqués par une partie des catégories diplômées et supérieures sans que pour autant ils acquièrent une légitimité culturelle indiscutable aux yeux des sociologues. Ils les classent comme « culture moyenne[2] ». La discordance entre la légitimité sociale des séries (« une télévision de qualité consommée par des catégories supérieures[3] ») et leur légitimité culturelle (aucune véritable instance de consécration culturelle ne permet d'asseoir la légitimité culturelle haute des séries télévisées) n'est jamais aussi manifeste qu'à l'endroit de cet objet. Elle est en cela typique et significative du « tournant culturel » qui affecte les pratiques culturelles et leur légitimité dans le contexte contemporain où les catégories supérieures consomment des biens « populaires » (considérés tel dans la précédente conjoncture) sans que ces biens aient une légitimation culturelle significative aux yeux des sociologues[4].

1. J. Feuer, "HBO and the Concept of Quality TV", *in* J. McCabe et K. Akass (dir.), *Quality TV: Contemporary American Television and Beyond*, London, I. B. Tauris, 2007, p. 145-157 ; C. L. Buckley, M. Leverette et B. L. Ott, *op. cit.*
2. On le constate très clairement chez B. Lahire qui applique à la série *X-files* « l'inclassabilité » dont nous avons montré qu'elle devait être nécessairement comprise comme une « incommensurabilité » (un système de classement social et culturel des genres ne peut produire des genres « inclassables » sans s'annuler logiquement). Voir B. Lahire, *op. cit.*, p. 108. J.-P. Esquenazi défend, lui, l'art des séries contre leur faible considération. Voir J.-P. Esquenazi, *Mythologies des séries télévisées*, Paris, Le Cavalier bleu, 2009. Nous renvoyons à notre article traitant de l'incommensurabilité contemporaine des genres culturels : H. Glevarec et M. Pinet, « La "tablature" des goûts musicaux : un modèle de structuration des préférences et des jugements », *Revue française de sociologie*, vol. 50, n° 3, 2009, p. 599-640. Notre argument est ici double : la légitimité sociale des séries plaident, conformément au modèle classique (voir « La fin du modèle classique de la légitimité culturelle. Hétérogénéisation des ordres de légitimité et régime contemporain de justice culturelle. L'exemple du champ musical », *op. cit.*), en faveur de leur légitimité culturelle ; nonobstant ce critère, il en est un autre décisif, celui de la *reconnaissance culturelle* de ce genre à travers ses œuvres par les amateurs et les spécialistes.
3. É. Dagiral et L. Tessier, « 24 heures ! Le sous-titrage amateur des nouvelles séries télévisées », *op. cit.*
4. H. Glevarec, *La sociologie de la culture à l'ère de la diversité, Essai critique trente ans après* La Distinction, Paris, éditions de l'Aube, 2013.

Sortie de l'infantilisme télévisuel et tournant sérieux des séries télévisées américaines

Les entretiens avec les amateurs de série laissent penser que leur intérêt pour les séries tient à un changement du contenu et du mode d'adresse au spectateur qu'opèrent au milieu des années 1990 les séries télévisées[1]. Plusieurs séries télévisées sont emblématiques de ce changement. Pierre l'évoque à travers une série pour adolescents, *Dawson*. « *La première série qui s'adresse à des ados et qui ne les traite pas comme des êtres sous-intellectualisés, des idiots tout simplement. Une série pour ados mais qui tout en restant de l'*entertainment, *de l'amusement, du plaisir ne parle aux ados comme s'ils étaient stupides. Avant* Dawson, *il y avait deux types de séries. Soit la série pour ados totalement décérébrés, qui étaient là juste pour s'amuser. Soit la série pour ados dramatique. Et il y avait un milieu à trouver et* Dawson *l'a trouvé.* » L'exemple de la série maltraitant son public adolescent est pour lui *Beverly Hills*, l'exemple de la série dramatique, *Les Années collège*. Autant il ne se sentait pas concerné par *Beverly Hills* ou encore *Melrose Place*, autant « *il y avait une forme de réalité* dans *Dawson* », dit-il. Pour Vincent, 23 ans, ingénieur informatique, « *il y a eu un renouveau parce qu'il y a eu beaucoup plus de moyens mis en œuvre pour faire des séries de bonne qualité.* » Il a été « *interpellé* » par le fait que « *c'est vraiment bien filmé* ». Retenons de cet extrait d'entretien l'association que fait Pierre entre amusement et qualité. Ce point de vue n'est pas sans faire contraste avec ce que John Hartley a pu dire de la « pédocratie télévisuelle », à savoir la façon qu'aurait la télévision à grand public de traiter le public à l'image d'un enfant[2]. Il fait du paternalisme télévisuel et de l'orientation familialiste le trait dominant de cette télévision[3].

Il semble y avoir une corrélation, au moins aux yeux des amateurs, entre l'ouverture du champ médiatique à des nouveaux acteurs, *via* le téléchargement, et la nouveauté. Les espaces télévisuels monopolistiques

1. R. Chaniac et J.-P. Jézéquel confirment ce point quand ils écrivent que l'avant-garde ne caractérise pas la sitcom télévisée des années 1990 (*Télévision et cinéma. Le désenchantement*, *op. cit.*).
2. J. Hartley, "Invisible Fictions, Paedocracy, Pleasure", *Textual Practice*, vol. 1, n° 2, 1987, p. 121-38.
3. Le théâtre de Guignol serait le modèle même du suspense narratif à la base des séries comme *Starsky et Hutch*, *Drôles de dames* ou encore *Dynasty*, d'après ce qu'en rapporte J. Hartley citant leur producteur de l'époque Aaron Spelling : il s'agit de montrer au spectateur ce qui apparaît caché aux personnages. *Ibid.*, p. 128.

seraient très peu favorables à l'innovation, au réalisme et à la « vérité » des fictions. Aurélien, 25 ans, étudiant en IUFM, dit de la série *Rescue me* qui met en scène des pompiers new-yorkais, diffusée initialement sur la chaîne américaine du câble FX network, que « *c'est une série du câble, donc on ne va pas se gêner pour dire tout ce que l'on pense* ». Nombre d'amateurs déclarent que c'est l'ouverture, la diversité, la concurrence et la fragmentation des chaînes états-uniennes – dont HBO serait l'incarnation[1] – qui a accompagné l'émergence des séries qu'ils apprécient et dont la qualité serait un anti-conformisme par rapport aux fictions qu'ils visionnaient jusque-là. Cette originalité trouverait un départ dans la société américaine de production MTM (créée en 1969) qui sera le creuset de la « télévision de qualité[2] », et dont l'une des productions innovantes régulièrement mentionnée des analystes sera la série *Hill Street Blues* en 1981[3]. Cette diffusion hors des grands médias a permis ce type de programme grâce à une plus grande liberté d'invention. Il semble que c'est la conjonction, dans le contexte de la télévision aux États-Unis, de deux caractéristiques qui permet de comprendre ce « tournant sérieux » des séries : une télévision qui se destine, depuis les années 1970, aussi à des publics ciblés plutôt qu'à un « grand public[4] » et la figure de l'auteur, incarné par le scénariste, anciennement forte dans la production américaine[5].

Qu'il y ait une corrélation entre un nouveau goût pour des séries télévisées et une provenance des États-Unis est notable. Pour autant, c'est l'apparition d'Internet qui, pour les publics européens, et notamment français, a levé les frontières des espaces télévisuels nationaux comme en témoigne à la fois l'accession des Français aux séries états-uniennes *via* le téléchargement et le rattrapage progressif et contraint des télévisions et de leurs sociétés de production en France. « *C'est vrai que la connexion Internet ça y fait pour beaucoup,* dit Romain, 23 ans, *parce que ceux qui n'ont pas de connexion Internet, ils sont obligés d'attendre les sorties en France. Ils ne sont pas dans*

1. J. Feuer, "HBO and the Concept of Quality TV", *op. cit.*
2. J. Feuer, P. Kerr et T. Vahimagi (dir.), *op. cit.*
3. S. Jenkins, "*Hill Street Blues*", *in* J. Feuer, P. Kerr Paul et T. Vahimagi Tise (dir.), *op. cit.*, p. 183-197 ; T. Gitlin, *Inside Prime Time*, New York, Pantheon Books, 1985.
4. D. Buxton, *op. cit.*, p. 55.
5. S. Bochco, diplômé en écriture théâtrale, fait figure ici de père fondateur de ce type de séries. Il est, en autres, l'auteur de la série *Hill Street Blues*. Voir D. Pasquier, *Les Scénaristes et la Télévision. Approche sociologique*, Paris, Nathan/INA, 1995 ; J.-P. Esquenazi, *Les Séries télévisées. L'avenir du cinéma ?*, Paris, Armand Colin, 2010, p. 66-67.

le truc, ils ne sont pas dans l'actualité de la série ». L'enthousiasme pour les séries d'outre-Atlantique a ainsi tout d'une ouverture à la concurrence dans le champ culturel. Internet est ici le déclencheur privilégié d'un accès en temps quasi réel à une diffusion américaine, et représente littéralement un court-circuit d'un système télévisuel national, qui apparaît brusquement dans sa nature monopolistique, voire irrespectueuse, chaque fois que les téléspectateurs lui imputent de ne pas respecter les œuvres, leur doublage ou leur ordre de diffusion par exemple[1].

Hiérarchie interne au genre et sous-genres

Dans un modèle dit de la tablature des goûts, appuyé initialement sur les goûts musicaux[2], nous avons fait de la « mise en genre » (mise en genres culturels) et de la hiérarchie dans les genres culturels – et non plus entre les genres comme le proposait par exemple Bourdieu dans *La Distinction* – une des caractéristiques centrales des transformations contemporaines du champ de la culture. Nous voudrions montrer ici qu'un processus semblable de mise en genre et de classement interne opère dans le genre sériel[3]. Comme le signalait déjà Jane Feuer, les amateurs de séries établissent des hiérarchies

1. M. Winckler, *Les Miroirs de la vie. Histoire des séries américaines*, Le Passage, 2002 ; D. Corel, A. de Froberville et R. Toulet, « Comment on dénature les séries : le sort de Buffy », *in* M. Winckler (dir.), *Les Miroirs obscurs. Grandes séries américaines d'aujourd'hui*, Au diable vauvert, 2005, p. 427-433.
2. H. Glevarec et M. Pinet, « La "tablature" des goûts musicaux : un modèle de structuration des préférences et des jugements », article cité ; "Tablatures of Musical Tastes in contemporary France: Distinction without intolerance", *Cultural Trends*, vol. 21, n° 1, 2012, p. 67-88 ; H. Glevarec, « La tablature des genres culturels appliquée à la télévision », article cité.
   H. Glevarec et M. Pinet, « De la distinction à la diversité culturelle. Éclectismes qualitatifs, reconnaissance culturelle et jugement d'amateur », *L'Année sociologique*, n°2, 2013.
   H. Glevarec, *La culture à l'ère de la diversité. Essai critique trente ans après La Distinction*, Paris, Éditions de l'Aube, 2013.
3. La généricité de la série serait définie par une caractéristique formelle, une diégèse à épisodes, et deux sous-caractéristiques esthétiques : la multiplicité des personnages et des lignes narratives. S. Benassi, *op. cit.*; J. Feuer, "HBO and the Concept of Quality TV", *op. cit.* La structure typique et majoritaire des séries consiste à multiplier les lignes narratives selon un principe qui est celui de l'intrigue principale et des lignes narratives secondaires construites autour de l'histoire d'un ou des personnages (c'est le cas exemplaire dans la série *Lost* avec une intrigue principale, celle de l'existence sur l'île, et des lignes narratives de personnages relatives à leur vie, ou de la série *24 Heures Chrono* avec l'intrigue propre à la saison et celle relative au personnage principal, Jack Bauer), structure sérielle narrative que V. Colonna qualifie de « ABC » pour distinguer les intrigues (où B – une secondaire – est dans un rapport de hiérarchie par rapport à A – la principale). V. Colonna, *op. cit.*, p. 121 et p. 241-249.

dans le genre de la « télévision de qualité ». La télévision de qualité est un genre au sein duquel il y a du bon et du mauvais.

Aussi, à l'intérieur de ce genre anobli, le goût des amateurs déclarés que nous avons rencontrés s'apparente-t-il à un nouveau goût. Georges, 59 ans, dit ne pas partager beaucoup son récent goût pour les séries avec d'autres personnes qu'il fréquente et qui regardent des « *standards qu'on trouve à la télé.* Docteur House, *machin bidule, je n'ai pas vu,* dit-il. *À l'époque il y avait* Dallas, Alerte à Malibu, *etc.* » Il oppose les séries qu'il apprécie, *Les Soprano, Twin Peaks* et *Party Animals* aux séries « *standards* ». En ce sens, son goût pour certaines séries contemporaines se ferait contre l'esthétique (moderne) de la répétition que décrit Umberto Eco, à propos par exemple de *Starsky et Hutch* ou de *Columbo*, comme « récurrence d'une trame narrative qui reste constante[1] ».

Magali, 31 ans, artisan d'art, regarde des « *séries de filles* », dit-elle, et non des séries policières. Il y a une dimension genrée à son goût qui suppose la référence à une communauté d'interprétation féminine. « *C'est les séries où il y a un casting de gens beaux, mais enfin ça c'est souvent, disons souvent des univers de luxe, un peu. Où il y a des belles fringues et où c'est pas... Moi j'appellerais séries pour garçons les côtés histoires policières, où il y a des flingues. Moi je regarde des séries où il n'y a pas de flingue.* »

Suite à l'entretien que nous avons eu avec elle, Magali s'est proposée de nous faire parvenir par courrier électronique ce qu'elle a appelé la liste des séries qu'elle a regardées quasi intégralement ces dernières années, soulignant en gras celles qu'elle considère comme de « *qualité*[2] ». Arrivent en haut de sa liste les séries *Six Feet Under, 21, Jump Street, Absolutely Fabulous, Friends, Gossip Girl, How I Met Your Mother, Lipstick Jungle, Mad Men, My Name is Earl, Rome, Sex and the City, Skins, South Park* et *The Simpsons.*

1. U. Eco, « Innovation et répétition, entre esthétique moderne et post-moderne », *Réseaux*, n° 68, 1994, p. 15.
2. En voici le texte : « *Bonjour. Je vous avais proposé de vous transmettre, à toute fin utile, la liste des séries que j'avais regardées (quasi intégralement) ces dernières années. La voici ci-dessous (je me suis permis de mettre en gras celles que je considérais comme étant de qualité). Bien cordialement. Magali.* » Message envoyé le 15/03/2010.

Séries vues par Magali (31 ans, artisan d'art) :
en gras sont celles qu'elle considère comme « *étant de qualité* »

Six Feet Under	Grey's Anatomy
21, Jump Street	Heroes
90210	**How I Met Your Mother**
Absolutely Fabulous	**Lipstick Jungle**
Ally McBeal	**Mad men**
Beverly Hills	**My Name is Earl**
Big Love	Nip/Tuck
Buffy	**Rome**
Californication	**Sex and the City**
Charmed	**Skins**
Cougar Town	**South Park**
Dead Like Me	**The Simpsons**
Desperate Housewives	The Tudors
Dr House	The Mentalist
Fame	Urgences
Friends	Weeds
Gossip Girl	

Elle fait « *une distinction entre les séries qui sont innovantes, comme* Mad Men, *qui sont vraiment construites, avec des scénarios et des séries qui sont "clichés", et qui vont jouer sur les mêmes... Vous prenez* Gossip Girl, *même* Skins, *qui essayent d'être...... Enfin le côté chronique de la jeunesse dorée, voilà, ce genre de truc on peut en trouver plusieurs, à mon avis.* » À côté du critère de l'innovation (« *innovant* » *versus* « *cliché* »), Magali avance le « *caractère bouleversant* » ou non de la série. Ainsi, elle compare *Mad Men* et *Desperate Housewives*, qu'elle hiérarchise dans sa liste, en ces termes : « *J'ai vu* Mad Men *comme si c'était une espèce de* Desperate Housewives *à l'envers. C'est-à-dire qu'on était dans une chronique du côté désespéré du monde masculin, parce qu'ils sont tous en haut de l'échelle sociale, ce sont des dirigeants, des mecs qui ont réussi, et il y a cette espèce de vide, qui est bien montré, de désespoir, qui colle à longueur de temps. L'effet de vacuité. Et du coup je me disais, autant* Desperate Housewives *on avait les nanas à la maison, qui pétaient les plombs, autant on se rend compte de ce qui se passait chez les mecs. Bon, alors c'est pas la même époque, mais c'était un petit côté... Enfin, c'était une vision amère, du coup, que je trouvais bien trouvée.* » Elle complète : « Desperate Housewives, *c'était bon au niveau psychologique, au début, mais maintenant c'est très... C'est devenu une série un peu mémère. C'est beaucoup moins fin.* » Si le critère de l'innovation relève de la forme sérielle, des conventions du genre, le critère *bouleversant* relève de l'effet affectif, à savoir d'un accès ou d'une acuité à une vérité psychologique. Comme on le voit, la série télévisée est, aux yeux de Magali, un genre en soi à l'intérieur duquel elle opère un classement, selon la *qualité*, qui mélange des critères d'innovation (renvoyant à l'histoire du genre lui-même) et affectifs (ce que la série est susceptible de provoquer comme sentiments chez elle).

Morgane n'aime pas, elle, les séries à l'eau de rose, que sa grand-mère regarde. Son critère de hiérarchisation est celui du « *cliché* », soit de la convention, et plus implicitement de la « *psychologie* » (« *des histoires sur tel ou tel personnage* »). Les séries qu'elle aime, *Nip/Tuck, Dexter* par exemple, se caractérisent positivement à ses yeux par leur transgression.

> *Il y a quand même des séries américaines que je ne peux pas visionner, c'est tellement cliché, tournées dans un décor artificiel, avec des histoires sur tel ou tel personnage, etc., ça me branche pas du tout. Tout ce qui est* Feux de l'amour, Amour, gloire et beauté. *Des trucs un peu à l'eau de rose vous voyez.*
>
> (Morgane, 31 ans, secrétaire, *Desperate Housewives, Dexter, Nip/Tuck, Friends, Malcom, Sex and the City, Newport Beach*)

Pierre témoigne, lui, de son appréciation positive ou négative à travers les modalités matérielles de son engagement ; soit il efface des fichiers électroniques, soit il achète des coffrets de DVD. Pierre regarde en *streaming* les séries qu'il aime le moins, les sitcoms notamment, pour lesquelles il est moins sensible à l'image, ainsi que les séries qu'il appelle « secondaires » pour les tester. Il ne les garde pas, les effaçant ensuite de son ordinateur. Il est un inconditionnel de *Six Feet Under* dont il a acheté les DVD, « *chers* », dit-il. L'investissement financier marque clairement une différence ; l'achat du coffret de DVD indique la valeur attribuée à la série, constitue un hommage rétributif à ses concepteurs et indique une sorte de déclaration à soi-même et aux autres de ce que l'on est à travers cette appréciation. L'achat des coffrets de séries signale qu'à l'intérieur de cette pratique culturelle les amateurs distinguent et hiérarchisent les œuvres qu'ils ont regardées. « *Les séries qui vraiment valent le coup, je les achète en DVD* », dit Aurélien, 25 ans, étudiant en IUFM.

Si la série télévisée des années 1960 et 1970 apparaissait comme un genre culturel dominé et mesuré au film de cinéma[1], au cours des années 1900 et 2000, conformément aux processus contemporains de mise en genres culturels et de transformation du modèle holiste de la légitimité culturelle[2], elle s'est autonomisée comme genre esthétique. La série ne se mesure plus au film comme genre inférieur, elle a internalisé sa critique et son jugement esthétique. À l'occasion, l'idée inverse, celle de mesurer négativement la créativité cinématographique par rapport à la production télévisuelle devient possible. « *Je considère,* dit Cédric, *certaines grandes séries depuis le début des années 2000 comme l'égal de certains grands chefs-d'œuvre du cinéma, du cinéma récent. Pour moi* Les Soprano *ça vaut certains grands films de Scorsese sur la mafia. Je dirais pas au niveau de la saga des Parrains de Coppola mais… quoique.* »

Série télévisée et déformatage des pratiques culturelles

Le paradoxe audiovisuel des séries : source télévisuelle mais pratique autonome des écrans

L'enquête de terrain démontre que la consommation de séries contemporaines par les amateurs met à mal leur dimension télévisuelle. En effet, pour certains gros consommateurs de séries, leur visionnage s'effectue hors de tout flux télévisé, voire sans téléviseur. C'est le cas dès l'instant que les séries sont regardées en vidéo à la demande sur le téléviseur, à partir de DVD ou encore en *streaming* ou à partir de fichiers numériques téléchargés ou échangés et vus sur un ordinateur, un écran plat[3] ou *via* un

1. J. Bourdon, « Propositions pour une sémiologie des genres audiovisuels », article cité.
2. H. Glevarec, « La fin du modèle classique de la légitimité culturelle. Hétérogénéisation des ordres de légitimité et régime contemporain de justice culturelle. L'exemple du champ musical », *op. cit.*
3. Le téléviseur à écran plat, accompagné de ses prises HDMI et Internet, marque que la télévision n'est plus forcément la fonction principale de ce « téléviseur », témoin alors d'un « abandon de la télévision par la télévision », voire invention d'un objet technique exigé par les nouveaux régimes de valeur.

vidéoprojecteur. Bref, la dimension télévisée des séries actuelles se fonde sur leur provenance : leur fabrication est télévisuelle en ce sens que leur système de production est propre et n'a aucun lien avec la structure de production cinématographique[1] mais leur réception n'est en aucun cas strictement télévisuelle. Romain, 23 ans, étudiant, achète des coffrets DVD qui « *durent deux jours* ». Carl, 27 ans, concepteur sur Internet, télécharge les séries et les regarde exclusivement sur son ordinateur. Magali, 31 ans, non seulement ne regarde pas les séries sur un téléviseur puisqu'elle n'a pas la télévision dans son foyer mais distingue sa pratique autonome de celle, fixe, d'un programme de télévision. « *Je n'ai pas la télé, je télécharge des séries sur Internet. Et en gros je télécharge toute une saison, et du coup c'est aussi quelque chose que je regarde en illimité. C'est-à-dire le soir, je peux regarder...... Quand j'ai des insomnies, je peux regarder...... Ce n'est pas comme un programme télé, c'est quelque chose qu'on peut dérouler jusqu'à trois, quatre heures du matin.* »

Les séries américaines ou françaises sont-elles « télévisuelles » ? En fait, un mode de consommation fréquent évite littéralement la télévision, puisqu'une part des amateurs télécharge épisodes et sous-titres et regarde sur son ordinateur (portable souvent) les fichiers, tandis qu'une autre part regarde en *streaming*. La télévision est, dans une grande majorité des cas pour les jeunes générations, contournée comme média de diffusion. Autrement dit, la télévision pourrait bien n'être dans le cas des séries qu'un support précurseur (les premières séries ont été consommées *via* la télévision comme programme, puis *via* le téléviseur comme support grâce au magnétoscope) et un financeur, et non nécessairement son média *par définition*. La nature télévisuelle des séries pourrait bien ne résider que dans quelques traits liés à leur fabrication et aux anticipations qu'elle suppose ; même le cadrage serré des œuvres destinées au téléviseur est lui-même une contrainte en train de changer avec les écrans plats et haute-définition qui relativisent de surcroît l'écran de cinéma comme seul lieu permettant de voir « vraiment » un film. Quant à leur consommation elle s'est émancipée de la télévision pour beaucoup d'amateurs ; « téléspectateurs » ne convenant alors plus pour les désigner. La nature sérielle, épisodique ou feuilletonesque des séries est là aussi faussement attachée à la télévision ; si

1. J. Ellis, *Visible Fictions*, Londres, Routledge, 1982.

elle l'est historiquement c'est seulement parce que la télévision est le premier support domestique de visionnage des images en continu. L'ordinateur, et plus largement les écrans (l'écran plat qui se démocratise comme moyen de regarder des séries en témoigne), démontrent que, là encore, la télévision n'est pas le médium exclusif et naturel de la forme sérielle (sur ce point d'ailleurs, la radio la précède dans le registre sonore[1]). L'émancipation de la télévision est sans doute la condition et la manifestation de la constitution de la série comme genre, affranchi d'un rapport d'infériorité par rapport au film de cinéma.

La situation que les amateurs ont vécue, qu'ils continuent en partie de vivre, mais qui pourrait s'arrêter si les dispositions légales contre le téléchargement illégal produisent les effets souhaités par leurs promoteurs, est tout à fait unique puisqu'elle a associé au développement d'Internet l'émergence d'un genre anobli et d'un amateurisme[2]. Séries télévisées américaines contemporaines et Internet n'avaient aucune nécessité technique ou esthétique d'apparaître en même temps. Pourtant, le renouveau des premières dès les années 1990 a correspondu précisément au développement d'Internet et à la possibilité du téléchargement illégal du point de vue juridique et gratuit. S'il ne s'agissait que d'une coïncidence entre un bien culturel et un support technique, il n'y aurait rien là de bien extraordinaire. Mais ce mariage des séries télévisées américaines et d'Internet a permis une nouvelle façon de regarder les œuvres faites pour la télévision mais regardées hors de la télévision (c'est tout autant le cas pour la proportion sans cesse croissante de ceux qui les regardent à partir d'un DVD). Le paradoxe du plaisir pris aux séries par les amateurs tient en ceci qu'il est fortement appuyé sur la liberté de visionnage qui leur a été permise : quasi-simultanéité de la sortie américaine et du visionnage domestique, diffusion libérée des contraintes de calendrier et d'horaire de la grille et, qui plus est, du téléviseur. Faites pour la télévision, diffusées par la télévision, les séries ne sont jamais aussi bien appréciées – par certains amateurs, notamment des catégories diplômées – qu'à partir de

1. H. Herzog, "What do we really know about daytime serial listeners", *op. cit.*
2. La fermeture du site de téléchargement Megaupload en 2012 et le reflux des sites de pair à pair, sous le coup de la loi dite Hadopi autorisant la surveillance des flux échangés, aient alors donner à cette pratique une dimension située dans le temps...

fichiers vidéo téléchargés ou visionnés en *streaming* sur des ordinateurs, des vidéoprojecteurs tout autant que sur des téléviseurs.

De même que voir un long-métrage au magnétoscope détache le film de la salle de projection, voir des œuvres en ligne détache l'exposition du musée, regarder une série sur un ordinateur détache ce bien de la télévision ou encore écouter un podcast détache l'émission du poste de radio. Loin de signifier seulement une extension de pratiques culturelles déjà existantes sur un nouveau support, plus individualisé et domestique, le support numérique modifie le cadre social des pratiques, l'univers des possibles, en rapprochant physiquement et, de ce point de vue aussi socialement, des pratiques qui nécessitaient dans le précédent cadre un déplacement physique, voire une planification dans le temps (horaire de séance ou de représentation scénique par exemple). Si l'ordinateur connecté à Internet provoque une convergence des pratiques, il accentue aussi ce qu'on pourrait appeler la « fin du lieu culturel », entendu par analogie avec la disparition du « Lieu anthropologique » décrite par Marc Augé[1], à savoir la dissociation d'un genre culturel et d'un espace de pratiques. La fin du lieu culturel se fait par ajout de supports et de lieux à des pratiques culturelles qui perdent leur lieu de réception dédié.

Si le visionnage des séries américaines, et de plus en plus celui des séries françaises, manifestait seulement une nouvelle façon de consommer la télévision (ce qui n'est justement pas le cas matériellement parlant), on noterait simplement là l'émergence d'un nouvel usage. Or, c'est bien plus un nouveau régime de valeur de la consommation d'une œuvre audiovisuelle qui s'élabore dans le cadre sériel : une œuvre, dont la temporalité de déploiement, le rapport à la conjoncture, l'effet de réel, la consommation à domicile autonome, l'éloigne à la fois du régime cinéphilique de l'œuvre unitaire courte en salles et du régime télévisé de l'œuvre insérée dans une programmation et un calendrier. Tout semble indiquer une désinstitutionalisation d'une pratique audiovisuelle dans ses usages comme dans ses valeurs.

1. M. Augé, *Non-Lieux. Introduction à une anthropologie de la surmodernité*, Paris, Seuil, 1992.

La reconfiguration du film de cinéma comme forme courte et ritualisée

L'émergence de la série télévisée comme œuvre amène à re-spécifier le film dorénavant comme forme courte. « *Pour moi c'est le même plaisir que le cinéma sauf qu'il est décuplé par le fait que l'on suit les personnages sur la longueur,* dit Cédric, 33 ans, haut fonctionnaire, *que la richesse narrative est plus grande. Enfin, il y a beaucoup plus de possibilités d'explorer un univers, ce qui est évidemment différent au cinéma c'est la contrainte temporelle, et d'arriver à faire quelque chose en peu de temps.* » Le cinéma d'auteur s'est construit comme œuvre universelle et non comme sous-genre audiovisuel[1]. De sa plénitude d'œuvre totale, le film de cinéma devient une forme courte par rapport aux séries de plusieurs épisodes et de plusieurs saisons. En effet, les amateurs disent d'une part qu'il y a des séries qui sont des œuvres (« *on peut être un metteur en scène de série de grande qualité* », dit Georges, 59 ans) ; d'autre part qu'une série n'est pas un long film. Par contre, ils sont amenés à redéfinir la forme film ; leur critère central devient la durée : le film est une forme courte. Une forme culturelle *a priori* pleine devient ainsi une condition de production : faire une œuvre audiovisuelle en une heure trente, voire en quelques heures. Invisible jusqu'alors, la durée ordinaire d'un film de cinéma apparaît d'un coup comme format et comme convention. Du point de vue de son histoire intellectuelle et culturelle idéale, il n'est pas sûr que les réalisateurs de cinéma acceptent d'emblée une telle mise en genre de l'œuvre cinématographique, qui oblige à en rabattre sur l'idée de créateur réservé au long-métrage. La mise en genre sérielle destitue en effet le film de cinéma de sa position d'unique œuvre audiovisuelle de fiction dans le champ ouvert par la reproduction des images en mouvement[2].

---

1. La dénonciation par Dany Boon, acteur et co-réalisateur du film *Bienvenue chez les Ch'tis* (2008), lors du festival de Cannes 2009 de l'absence de la catégorie du film de comédie témoigne, qu'avec ses catégories de palmarès (« césar du meilleur film », « du meilleur acteur », « de la meilleure actrice », « du meilleur décor », etc.) les César annuels du cinéma français sont des catégories « d'auteur » et de « professionnel ». En dehors de la distinction du genre « film documentaire », les César ne reconnaissent pas de distinction selon le genre, qui est pourtant devenu un appui ordinaire aux jugements de goûts et de valeurs des cinéphiles et des spectateurs ordinaires. Y. Darré, *Histoire sociale du cinéma français*, Paris, La Découverte, coll. « Repères », 2000 ; J.- P. Esquenazi (dir.), *Politique des auteurs et théories du cinéma*, Paris, L'Harmattan, 2003 ; A. de Baecque, *op. cit.*
2. Y. Darré, *Histoire sociale du cinéma français*, *op. cit.*

La série serait-elle un grand film de cinéma ? Un film serait-il la forme courte d'une série ? Si la fiction sérielle télévisée est venue rivaliser avec la « grandeur » du cinéma, personne ne soutient véritablement qu'il y ait une communauté de genre entre film dit « de cinéma » et série dite « télévisée ». En fait, ce que provoque la série c'est la distinction des formes respectives de l'expérience d'un film et d'une série. En effet, le film comme forme esthétique et le cinéma comme condition de réception ou « jeu de langage » (« faire du cinéma » et « aller au cinéma ») constituent dorénavant pour les amateurs une expérience spécifique (consommation extraordinaire, attente et contrainte fortes), certainement pas universelle de la fiction et de l'œuvre audiovisuelle.

De par sa consommation hors programmation télévisée, la pratique amateur des séries télévisées objective, en le relativisant, le régime de valeur attaché au cinéma. La consommation sérielle est en partie libérée du « rendez-vous cinématographique » central dans la pratique du cinéma telle que la restitue par exemple Emmanuel Ethis, même si la grande majorité des spectateurs de films sont des téléspectateurs[1]. Ethis insiste sur la salle de cinéma comme incarnation du cinéma, lieu culturel qui attache espace géographique, « rendez-vous » et valeur du cinéma[2]. Ce sont autant d'éléments qui définissent *a priori* un système de contraintes spatiales, temporelles, morales et comportementales (« une domestication et une disciplinarisation des publics »). En effet, certains amateurs de séries évoquent la contrainte et la dépendance que représentent la consommation en salle et la libération qu'offre la possibilité de programmer de façon autonome. Pierre nous dit que face à un film qui ne l'intéresse pas, il l'arrêtera s'il est à son domicile, alors qu'il ne quittera pas la salle de cinéma. « *Je me suis surpris quand même récemment à me dire : "voilà, cet après-midi, tu vas au cinéma ou tu regardes quelques séries ?" Bien, j'ai choisi les séries. Ce n'est pas la même démarche. On est chez soi. C'est plus facile. Et j'habite à dix minutes du cinéma à pied, c'est honteux ce que je dis. Mais effectivement, on est à la maison, c'est tranquille, et si on veut faire autre chose après, on peut faire. Alors que c'est même pas une question*

1. J.-M. Guy, *La Culture cinématographique des français*, Paris, La Documentation française, 2001.
2. E. Ethis, « Le cinéma, cet art subtil du rendez-vous », *Communication et langages*, n° 154, 2007, p. 11-21.

financière puisque j'ai un abonnement au cinéma. » Il semble bien que le régime de valeur qui accompagne le cinéma en salle soit socialement et culturellement contraignant.

> *Justement le fait que ce soit en épisodes et pas deux heures, on balance tout. Au bout de deux heures c'est terminé, même si il y a des trilogies et tout, ce n'est pas la même dimension. La série c'est vraiment... Enfin je ne sais pas comment expliquer. C'est quelque chose qui ne dure pas longtemps, même si on n'a pas beaucoup de temps, on peut le...... Moi, c'est surtout au niveau du temps. On se dit : « ah je dois m'en aller dans une heure, je ne peux pas mettre un film mais je peux mettre une série ». Je peux mettre un épisode. Pour moi la démarche n'est pas la même, parce que quand je me dis que je vais regarder un film, il faut au moins que j'ai l'après-midi devant moi, tandis que la série je peux me la mettre en peu de temps. C'est pas un passe-temps mais... Je sais pas comment... Oui pour combler, on va dire, vingt minutes. Vous voyez ? Tandis que le film c'est pas du tout la même démarche. Le film c'est : « bon j'ai envie de me regarder un bon film, donc je vais choisir ». Tandis que les séries on peut regarder un peu de tout, un peu rien. Tandis que si je vais regarder un film super longtemps et qu'il est nul, je vais me dire que je vais avoir perdu mon temps et ça va m'énerver, tandis qu'une série, même si c'est nul, j'ai perdu que vingt ou quarante minutes, vous voyez ce que je veux dire ? (rires)*
>
> (Géraldine, 21 ans, étudiante en licence de marketing)

La série ne se contente pas de reconfigurer le film comme une forme courte. Pour les amateurs, elle modifie aussi la réception, à savoir les horizons d'attente et les engagements vis-à-vis de la fiction.

Le renouvellement de la forme sérielle et ses conditions de réception télévisuelle et domestique rendent d'autant plus visibles deux traits de la forme cinématographique : l'ellipse et la fonctionnalisation[1]. Le long-métrage (*Twilight* ou *Avatar* par exemple) en vient à révéler d'un coup

1. Selon le mot de L. Prieto, permettant de désigner l'usage d'un certain type de contenu audiovisuel afin de connoter d'autres contenus narratifs, des « fonctions » en langage proppien, suite d'actions codées et ritualisées d'une fiction. Voir V. Propp, *Morphologie du conte*, Paris, Seuil, coll. « Points Essais », 1970 ; L. Prieto, *Pertinence et pratique. Essai de sémiologie*, Paris, Éditions de Minuit, 1975, p. 71-75.

la contrainte et la convention – visible – de l'ellipse et du code chaque fois qu'il enquille les séquences comme autant d'étapes conventionnelles et connues par lesquelles passent les personnages du malheur initial au combat final victorieux. « *La différence entre un film et une série aussi pour moi, c'est qu'un film, assez souvent dès le début je devine la fin* », dit Quentin. La durée courte du long-métrage devient ici la contrainte d'un genre qui s'est pensé, particulièrement en France, comme l'œuvre absolue et ultime dans le domaine audiovisuel[1]. En regard de la série, le film de cinéma devient une forme courte; les films à plusieurs volets (à l'instar de *Matrix, Twilight, Harry Potter*, etc.) n'atteignent jamais le nombre et la durée des séries à saisons. Et il est soumis soit à un modèle conventionnel fait d'ellipses et de fonctions, qui peut constituer en lui-même une condition de création et une forme du plaisir[2], soit un modèle stéréotypé qui déçoit certains récepteurs, *a fortiori* au regard des effets de réel des séries contemporaines. C'est pourquoi la série « désuniversalise » l'œuvre cinématographique que ses auteurs ont longtemps pensé unique œuvre audiovisuelle. Cédric met en valeur la « *concision* » et le « *non-dit* » que le film comme forme audiovisuelle courte peut accueillir dorénavant comme une de ses contraintes de format, sinon de genre.

Interpréter « l'addiction » et les formes de la consommation

Un certain nombre des amateurs interrogés disent être de « *très gros consommateurs de séries.* » Le vocabulaire de la *consommation* et celui de *l'addiction* sont explicites dans leurs propos. Il y a là un paradoxe puisque la réception des séries se décrit par ailleurs dans les termes d'une libération. Pourquoi l'addiction est-elle un terme récurrent de la description de leur pratique par les amateurs ? Pourquoi est-elle même revendiquée ? Nous proposons ici de l'interpréter comme un nouveau régime de valeur lié au plaisir qui prend le contre-pied de l'ennui et de la contrainte forcée. Contrainte choisie, elle est la posture partagée par nombre d'amateurs qui exercent leur goût et leur plaisir dans un rapport de « prise » à leur objet. Antoine Hennion a pu le décrire en ces termes pour les mélomanes de tous

1. Y. Darré, *Histoire sociale du cinéma français, op. cit.*
2. U. Eco, « Innovation et répétition, entre esthétique moderne et post-moderne », article cité.

genres[1]. Il est notable que le visionnage des séries télévisées s'accompagne d'un changement de posture dans la consommation, au profit du plaisir, de la détente et de la jouissance présente. Des séries, Georges, 59 ans, dit : « *c'est quelque chose qu'on voit avec plaisir. Ça prend pas la tête, c'est léger, il y a des gags, c'est drôle, il y a une inventivité dans les événements.* » Ce régime de valeur, non dominé, contraste avec le régime de valeur ascétique. Un même détachement de la réception se signale de façon notable dans la modalité solitaire de consommation des séries qui impliquent un « *rythme propre de découverte* », dit Cédric.

Le mode de visionnage des séries télévisées représente en soi un objet par sa dimension de récurrence et de boulimie. Aurélien regardait, peu avant notre entretien, trois, quatre séries par jour. Il les regardait sur son ordinateur portable. « *Mais je pense que c'est parce que ça me procure du plaisir. Il y a certaines séries, je suis un peu excité de voir la suite parce que je sais que ça va me plaire.* [...] *Il y a certaines séries, c'est juste le générique. Par exemple, le générique de* Rescue me. *C'est une série qui a un générique monstrueux. Je sais que dès qu'il y a le générique, je vais avoir le sourire qui arrive. Il y a de l'excitation, j'ai la pêche. Je ne sais pas sur quoi ça joue, c'est bizarre, c'est bizarre.* » Ce plaisir s'articule à l'évasion. « *Ça me permet vraiment de m'évader, de ne pas penser aux cours, à tout ça. Il y a que quand je suis dans une série, tu ne penses pas à tes autres problèmes. Surtout que je suis quelqu'un qui réfléchit beaucoup et tout le temps.* »

Cédric, 33 ans distingue les séries qu'il *déguste* (comme *Mad men* et *The Wire*) et les séries qu'il « *consomme* » – il parle de « *soif consumériste* » – comme *24 Heures Chrono* ou *Lost*. Il distingue deux régimes de consommation, un de la dégustation attentive et lente, un autre de la consommation frénétique et concise.

1. A. Hennion : « Ce que ne disent pas les chiffres... Vers une pragmatique du goût », *in* O. Donnat et P. Tolila (dir.), *Le(s) Public(s) de la culture. Politiques publiques et équipements culturel*, Paris, Presses de Sciences Po, 2003, p. 287-304 ; « Affaires de goût. Se rendre sensible aux choses », *in* M. Peroni et J. Roux (dir.), *Sensibiliser. La sociologie dans le vif du monde*, La Tour d'Aigues, Éditions de l'Aube, 2006, p. 161-174 ; « Réflexivités. L'activité de l'amateur », *Réseaux*, n° 153, 2009, p. 55-78.

Il y a des séries que j'aime déguster comme un cognac, un épisode de temps en temps, type Sur écoute [The Wire]. [...] *C'était pas un rythme aussi frénétique que Lost ou 24* [24 Heures Chrono]. *Une saison de Lost, c'est trois jours, une semaine maximum.* »

(Cédric, 33 ans, haut fonctionnaire,
Les Soprano, 24 Heures Chrono, Six Feet Under, Mad Men)

Les significations qui affectent ces objets culturels contemporains que sont les séries sont tout à fait significatives de la façon dont les pratiques des catégories diplomées ont évolué sous le coup d'un régime de valeur non ascétique, qui valorise à la fois la « qualité » et la « légèreté ». « *Pour moi, la série reste un genre léger,* dit Pierre professeur d'école. *Le film est un genre plus grave, plus important. Là je donne du grain à moudre à mes détracteurs qui vont dire que la série est un genre mineur contrairement au cinéma. En fait c'est pas ça, c'est juste que pour moi je pardonne plus à une série d'avoir des imperfections parce qu'au final sur une saison de vingt-quatre épisodes l'enjeu est beaucoup plus important de tenir en haleine son téléspectateur.* »

Le régime de valeur qui entoure la consommation des séries télévisées semble ainsi se caractériser par la revendication explicite du plaisir et de la légèreté, contre-pied du régime de la consommation distinctive ascétique et édifiante que Bourdieu a pu décrire dans *La Distinction*. Ce régime de valeur n'est pas sans faire écho au régime de valeur qui accompagne la lecture des récits policiers dont Annie Collovald et Érik Neveu disent « qu'à travers la thématique de la simplicité, de l'accessibilité, intervient une dimension de refus du culturel sur piédestal, de défiance pour des biens culturels qui exigeraient une forme accusée d'ascèse, d'apprentissage sacerdotal d'une coupure à l'expérience ordinaire pour être appropriés[1] ». Il rejoint sur ce point aussi la « cinéphilie ordinaire », liée notamment aux supports domestiques, décrit par Laurent Jullier et Jean-Marc Leveratto, par contraste avec la cinéphilie savante[2].

1. V. Collovald et É. Neveu, *op. cit.*, p. 320.
2. L. Jullier et J.-M. Leveratto, *op. cit.*

Que les sociologues de la culture regardent les pratiques culturelles avec d'anciennes lunettes se voit dans leur commentaire embarrassé sur les pratiques des biens de la culture populaire contemporaine comme la bande dessinée quand ils ne sont plus dévalorisés par les catégories diplômées. Les auteurs d'une enquête sur la lecture des bandes dessinées concluent ainsi leur analyse : « Considérée majoritairement comme une activité de détente, d'évasion, voire comme un passe-temps, la lecture de bandes dessinées serait, selon ses lecteurs eux-mêmes, un divertissement comme un autre. Pourtant, elle est reconnue par une majorité de Français comme un art à part entière : comme si la pratique était moins légitime que le genre lui-même[1]. » Les analystes continuent ainsi de penser de façon absolument *a priori* que le régime de valeur d'une pratique (ici le « divertissement » qu'on y prend) est opposable à la valeur que les gens pourtant lui reconnaissent ; « la pratique serait moins légitime que le genre » relève alors presque de la casuistique. Or, la particularité à noter n'est pas de voir là un quelconque symptôme avec d'anciennes lunettes légitimistes, mais la nouveauté d'un régime de valeur culturel du plaisir pris à la fréquentation de biens de valeur.

Un plaisir solitaire et de couple : regarder les séries

Emmanuel Ethis dit de la pratique cinématographique en salles et sur écran domestique qu'elle est centralement articulée à une sociabilité et à un « partage », qu'elle peut ainsi ne pas survivre à une rupture amoureuse avec un conjoint, partenaire des discussions[2]. La notion de sociabilité, entendue comme occasion de se connaître, d'éprouver son jugement de goûts avec celui des autres et de reconnaître ceux qui aiment les mêmes choses[3], se distingue ici du plaisir solitaire pris au visionnage des séries fréquemment mentionné par les amateurs – « *plaisir masturbatoire* », l'a même qualifié Cédric –, voire de leur consommation sans conversation *ex-post*[4].

1. C. Evans et F. Gaudet, « La lecture de bandes dessinées », *Culture Études. Département des études, de la prospective et des statistiques*, n° 2, 2012, p. 8.
2. E. Ethis, « Le cinéma, cet art subtil du rendez-vous », article cité.
3. *Ibid.*, p. 18.
4. D. Boullier, *op. cit.*

[*La série continue d'être*] *un moment pour décompresser et en général c'est une activité que je pratique seul. Alors il y a des séries que je vais regarder en compagnie, essentiellement de ma compagne puisque, vivant ensemble, on a des points communs par rapport à certaines séries, mais après j'aime garder ce moment privilégié où je vais regarder mes séries seul.* [...] *La série ça a toujours été le moment de décompression et alors beaucoup plus que de socialisation si vous voulez. Bien sûr que quand j'ai des amis qui regardent les mêmes séries que moi, ça me fait marrer d'en parler, de rigoler, mais je vis très bien sans parler de mes séries. Là je prends du plaisir à vous en parler, mais pour moi c'est vraiment une activité solitaire. Peu importe si je le partage avec personne en gros quoi.*

(Pierre, 29 ans, professeur d'histoire-géographie, *Dawson, Dexter, Six Feet Under, Les Frères Scott*)

Ça se partage pas forcément. Il y a quelques séries auxquelles j'essaye de l'intéresser [Magali parle de son compagnon] *pour partager. Mais sinon, non, je regarde toute seule, le soir.*

(Magali, 31 ans, artisan d'art, *Desperate Housewives, Mad Men, Skins*)

Pour comprendre la valeur de la consommation solitaire des séries, il faut insister sur la contrainte collective réelle ou imaginaire à laquelle elle permet d'échapper. La dimension domestique de cette pratique semble essentielle pour rendre compte de cet aspect pour partie solitaire de la consommation des séries. Sans doute faut-il aussi avoir à l'esprit à quel point, comparativement, la sortie en solo au cinéma suppose elle-même un certain nombre de conditions d'autonomie culturelle, voire d'autonomie sociale qui n'est acquis qu'à l'âge adulte (il suffit de penser à l'incongruité, voire à l'impossibilité pour un pré-adolescent d'aller seul au cinéma et aux conditions subjectives qu'une telle « pratique culturelle » requiert[1]).

1. On avancera ici à titre d'hypothèse que l'autonomie telle que nous avons pu l'appréhender dans le cadre de la vie des pré-adolescents a sans doute la culture comme condition. La disponibilité – précoce dorénavant – de biens culturels pour les enfants serait la condition et d'une autonomisation des enfants, à entendre comme autonomisation culturelle, et d'une première émergence d'un sujet du goût (d'un amateur peut-on aussi dire). H. Glevarec, *La Culture de la chambre. Préadolescence et culture contemporaine dans l'espace familial*, Paris, La Documentation française, 2010.

Moi, quand je fais attention à une série pendant trois quarts d'heure, je suis dedans et je fais attention à tout. C'est comme pour le cinéma, je sais que ça choque souvent mais je préfère aller au cinéma tout seul (rires). – **Pourquoi ?** *– Parce que quand je suis avec quelqu'un j'ai tendance à me dire : « est-ce qu'il va aimer ? »*

(Aurélien, 25 ans, étudiant à l'IUFM, *Véronica Mars, Battlestar Galactica*)

Comment est-il possible qu'une activité culturelle n'ait pas d'horizon de sociabilité, contrairement à la fois à ce que les sociologues disent de la pratique du cinéma et à une hypothèse sociologique, voire psychologique de lien social ? Ou plutôt, quelles sont les conditions socio-historiques pour qu'une telle pratique solitaire, sans échange et sans partage ultérieure soit possible ? L'effacement du prosélytisme culturel, associé à une forme de distinction, dans un monde culturel qui a relâché fortement l'idée de l'universel culturel, explique pour une part cette dimension individualiste de la pratique des séries. Sa dimension exclusivement domestique, la rapprochant de la pratique télévisuelle, est un autre facteur déterminant.

Il n'y a cependant pas de mode exclusif de consommation des séries télévisées. Au contraire, leur consommation reste diversifiée, à la fois individuelle, en couple, entre amis, en famille[1]. C'est là une différence notable avec l'écoute de musique. Le visionnage des séries télévisées, et des films, est beaucoup plus articulé à la consommation collective que l'écoute de musique, plus individualisée et, malgré le rapprochement culturel des générations, plus générationnelle. « *Quand c'est* Plus belle la vie, dit Marine, 24 ans, étudiante, *je sais qu'à huit heures je vais commencer à me faire à manger, je finis de manger à huit heures quinze, et comme ça à huit heures vingt-trois, je suis devant la télé avec un dessert. C'est très régulier.* »

Les séries provoquent notamment la constitution de groupes de commentateurs et de contributeurs sur les sites Internet que leur sont consacrés. Quel est cet intérêt qui pousse à « *mettre sa pierre à l'édifice* », comme le dit Vincent ? Celui notamment d'apparaître ensuite au générique de la série comme traducteur, relecteur ou autre. Tout laisse à penser que les activités participatives des jeunes adultes sur les sites Internet spécialisés

1. C. Combes, « La consommation de séries à l'épreuve d'Internet. Entre pratique individuelle et activité collective », *Réseaux*, n° 165, 2011, p. 137-163.

sont à interpréter dans le sens du déploiement des identités narratives[1], s'étayant d'un support culturel, que les sociologues d'Internet ont pu mettre en évidence à propos des pratiques de publications en ligne[2].

Les séries sont des objets culturels qui se caractérisent par des processus de recommandation orale et de circulation entre personnes. « *Je prête. Pratiquement toutes les saisons je les prête à quelqu'un,* dit Vincent. *La plupart des nouvelles séries que j'ai commencées, c'est souvent le bouche à oreille, les gens qui me disent : "tiens celui-là, il est bien, tu devrais regarder". Mais je dis que "ça me dit trop rien", et puis il y a une autre personne qui commence à m'en parler, alors du coup, je commence à regarder.* [...] *On m'appelle un peu le dealer parce que je leur donne un épisode comme ça et puis après ils deviennent accrocs alors ils me demandent tout le temps.* »

Ainsi, aux côtés d'une consommation solitaire, il y a un partage des séries, séries appréciées de participants qui ont un « *goût en commun* » selon la formule de Morgane, maintenant un lien entre des membres d'une même famille, des amis, des partenaires d'un couple, qui, dans le temps quotidien, ont des activités en propre.

---

1. L. Allard et F. Vandenberghe, « Espress yourself! Les pages perso. Entre légitimation technopolitique de l'individualisme expressif et authenticité réflexive peer to peer », *Réseaux*, n° 117, 2003, p. 191-219; D. Cardon, « Le design de la visibilité : un essai de typologie du web 2.0 », *Réseaux*, n° 152, 2008, p. 93-137; J.-S. Beuscart, D. Cardon, N. Pissard et C. Prieur, « Pourquoi partager mes photos de vacances avec des inconnus? Les usages de Flickr », *Réseaux*, n° 154, 2009, p. 92-129; F. Granjon et J. Denouël, « Exposition de soi et reconnaissance de singularités subjectives sur les sites de réseaux sociaux », *Sociologie*, vol. 1, n° 1, 2010, p. 25-43.
2. Savoir ce que, d'un point de vue théorique, la sociologie (des positions sociales) fait de l'identité culturelle n'est pas posé comme tel par les sociologues. Il est clair qu'aux yeux d'une autre discipline, la psychanalyse, la prolifération des « identitèmes » (F. Granjon et J. Denouël, *op. cit.*), c'est-à-dire le déploiement de l'identité narrative, articulée à une demande de reconnaissance, risque d'apparaître nulle et non advenue, au mieux un symptôme de plus qui manifeste une promotion de l'imaginaire, dont Lacan affirme la dimension de leurre et d'obstacle à l'inconscient. Mais il est vrai que, plus généralement, la psychanalyse, lacanienne au moins, rend vaine la sociologie. Que les sociologues qui ne le savent s'enquièrent des « structures » (psychiques) et des « discours » théorisés par Lacan.

Donc, du coup, au final, il y a certaines séries comme Lost, *que je regarde avec un copain parce qu'on est arrivé au même endroit, donc toutes les semaines on se voyait, on regardait.* Desperate Housewives, *je l'ai montrée à une copine et maintenant on se voit tous les jeudis et on regarde l'épisode. C'est un rituel.*

(Vincent, 23 ans, ingénieur informatique, *Lost, Prison Break, Desperate Housewives*)

Autrement dit, le visionnage des séries télévisées peut autant se caractériser par sa solitude que par son partage. Dans le cas du visionnage partagé, par exemple avec un ou des membres d'une famille, elle est susceptible, davantage peut-être que la consommation de films, du fait de sa périodicité et de sa récurrence, de contribuer à créer des temps en commun, c'est-à-dire de la mémoire commune et du lien, notamment pour les couples. « *On se réjouit d'avoir un nouvel épisode, c'est un moment qu'on partage* », me dit Magali de sa consommation avec son compagnon. Ce visionnage en couple a acquis une dimension identitaire forte, à la fois générationnelle – être dans le temps historique de diffusion des séries – et relationnelle, structurante dans les activités vécues ensemble par les membres d'un couple, manière de participer ensemble à un événement marquant dans une journée vécue de façon séparée. Ce visionnage à deux suppose un accord des préférences des membres du couple et il entre parfois en tension avec le goût au principe d'une consommation solitaire. Les couples peuvent dire qu'ils ont *vécu* le visionnage d'une série à deux. En fait, la consommation tantôt solitaire, tantôt en compagnie, des séries témoigne de la fragmentation des pratiques de consommation culturelle en fonction des centres d'intérêt qui sont pour partie des différences de genres et de goûts sociaux. Elle est prise aussi dans une pratique de couple qui fonctionne comme une activité faite en commun pour des individus qui ne se fréquentent pas en journée.

Regarder les séries comme lire un roman

Georges a regardé et aimé la série inachevée *Party Animals.* Il l'a regardée seul bien qu'il dise aimer partager avec sa femme. De ce visionnage en solo, il dit : « *lire un livre à deux, c'est pas facile.* » Cédric, 33 ans, dit de son plaisir des séries que « *c'est le plaisir feuilletonesque que j'avais quand j'étais plus jeune avec les romans d'action de Dumas par exemple.* » La comparaison entre séries et romans est récurrente chez les personnes que nous avons rencontrées.

> ***Le plaisir que vous trouvez dans les séries, ça réside dans quoi ?*** – *C'est du divertissement. C'est dans le divertissement que ça m'apporte. Ça me fait rire, ça me fait réfléchir, et puis j'adore les séries policières. C'est ce que je regarde le plus. C'est d'essayer de trouver qui c'est qui a tué. On n'est pas forcément actif, mais au minimum participatif dans la plupart des cas, parce que, faut suivre. C'est comme dans un livre, je veux dire si vous loupez les vingt pages du milieu, vous comprendrez rien à votre bouquin. Une série c'est pareil. Je pense que c'est le même plaisir que de lire un livre. Pour moi c'est la même chose. Pour moi c'est le même plaisir. J'adore lire, je lis beaucoup.*
>
> (Bénédicte, 30 ans, commerciale,
> *Friends, Desperate Housewives, NCIS, Bones*)

Qu'indique la comparaison culturellement inédite entre une fiction audiovisuelle et la lecture de livre ? Une équivalence des deux types d'objets et de pratiques culturels ? La valorisation du visionnage des séries télévisées ? La comparaison du visionnage des séries et des séries avec la lecture et le roman est récurrente et ne semble pas anecdotique. Pour certains, les séries ont non seulement pris une place qui était auparavant occupée par les livres mais elles ont une valeur identique à un roman. Aux yeux de leurs amateurs, elles en ont la structure en chapitres, de par leurs épisodes, et les qualités narratives et analytiques, du fait de leur temporalité longue. La réévaluation des séries dans ce sens tend à remettre en question la supériorité de la fiction écrite sur la fiction audiovisuelle. Il faut noter ici que l'intérêt académique pour les séries est notablement porté par les littéraires, universitaires et/ou écrivains. On entrevoit que soutenir intellectuellement cette comparaison, ou la critiquer, suppose de pouvoir énoncer précisément et de façon démonstrative que la fiction littéraire et la fiction sérielle sont ou ne sont pas hiérarchisables au nom d'une supériorité, par exemple, de l'écriture littéraire sur la réalisation fictionnelle des séries.

Le temps choisi et interstitiel de la série télévisée

Tout laisse à penser que le visionnage des séries télévisées contraste avec ce que dit Emmanuel Ethis de la cinéphilie en termes de rendez-vous et de sociabilité. Les films comme autant « d'occasions de se connaître[1] » cohabitent dorénavant avec des séries dont la consommation individualisée est patente et revendiquée. Et si le « rendez-vous cinématographique » est un trait de la cinéphilie, il indique une forme très contraignante pour ceux qui ont découvert les séries. « *Quand on regarde un film*, dit Georges, 59 ans, *il faut prévoir de manger plus tôt. On s'organise pour regarder un film, en fait.* » Au contraire, il y a une libération de la consommation dans la pratique des séries télévisées. L'addiction et la « consommation », parfois boulimique, caractérisent la sériephilie. Nous avons déjà proposé d'interpréter cette addiction comme le signe d'un régime de valeur hédoniste plutôt qu'ascétique de la culture. « *Quand on a envie de regarder,* dit Géraldine de sa pratique avec son compagnon, *on se met dans le canapé, en fait, et on mange sur la table basse.* »

Par rapport aux consommations de la télévision et du cinéma, une partie de la consommation de séries télévisées se fait selon une troisième voie qui articule fréquemment temps choisi, durée limitée, écran nomade et individualisation.

> *C'est vrai qu'avant on suivait plus le rythme que la télévision nous imposait, et maintenant avec Internet, c'est nous qui imposons le rythme à la télévision, c'est marrant.*
>
> (Anissa, 21 ans, étudiante en master Ressources humaines, *Desperate Housewives*)

Les séries télévisées et leur mode de consommation permettent ce qu'on appelle la dé-linéarisation (la consommation hors programme) et la séance courte (une plasticité de la pratique qui s'insère dans l'interstice d'autres activités). À la labilité des emplois du temps répond une temporalité fluide de consommation des séries par les jeunes adultes qui sont souvent étudiants et célibataires. Les séries trouvent leur place, du fait

1. E. Ethis, « Le cinéma, cet art subtil du rendez-vous », article cité.

de leur durée plus courte qu'un film, dans les interstices d'organisation temporelle variables, souples, indéterminées. « *Une série, on peut se dire : "ça dure vingt minutes", les épisodes. Donc on sait qu'au minimum on va passer vingt minutes devant, mais qu'on peut aussi passer au maximum vingt minutes* », dit Mathis, 38 ans, chef d'une petite entreprise du web. Le visionnage des séries semble être un exemple de la dé-spécialisation des supports et de la dé-linéarisation du temps des pratiques culturelles par rapport à leur exercice réglé, jusque-là.

Le rapport au temps que les séries contemporaines permettent, notamment quand elles sont consommées hors de leur diffusion télévisée, apparaît nouveau à ceux qui les apprécient au nom d'une double liberté qu'elles offrent, celle du choix du moment de visionnage et celle de l'arrêt ou de la poursuite du visionnage.

> *Ce qui m'a attiré aussi dans le format série...... J'arrive plus trop à regarder de films, parce que je trouve que ça n'avance pas. Non c'est pas vraiment ça, c'est pas le bon terme, je trouve que c'est trop long et j'ai été vraiment formaté au format quarante-cinq minutes, enfin 42 minutes qui est le format des États-Unis parce que, en fait ça fait une heure avec les pubs, quarante-deux minutes d'épisodes et 18 minutes de pub, mais coupé assez souvent. Quarante minutes, je trouve que c'est la bonne durée, si on n'est pas fatigué on peut en regarder un et puis si on a le temps on en regarde deux et ça fait la durée d'un film. Mais j'arrive mieux à regarder deux séries qu'un film, je sais pas pourquoi.*
>
> (Vincent, 23 ans, ingénieur informatique,
> *Lost, Prison Break, Desperate Housewives*)

La possibilité de regarder des séries en dehors de leur programmation télévisuelle (en VOD, en DVD, en *streaming* ou *via* le téléchargement) est un trait décisif du goût pour les séries. Elle semble particulièrement exploitée par des amateurs qui ne peuvent ou ne veulent se soumettre aux grilles de programmation des télévisions. « *Je suis incapable de suivre un programme télévisé*, dit Georges, 59 ans, *d'avoir un emploi du temps télévisé pour des tas de raisons. D'abord c'est notre mode de vie qui ne le permet pas. On a des horaires souvent décalés.* [...] *Ce que j'ai trouvé de très intéressant c'est l'offre à la demande de séries.* » Il ajoute que le format court des séries télévisées – moins d'une heure – les rend adaptées à la temporalité de la vie quotidienne de cadre dans un établissement d'enseignement qui est la sienne. Le film de deux heures empiète au contraire sur son sommeil et l'empêche de lire.

La consommation des séries télévisées a accompagné et s'est accompagnée d'une nouvelle pratique liée aux mêmes outils électroniques et Internet qui l'ont rendue possible, à savoir le visionnage hors du téléviseur. En effet, nombre d'amateurs de séries les regardent sur leur ordinateur, souvent portable, qu'ils disposent sur une table dans leur salon ou dans leur chambre. Cette possibilité a tout d'une libération. « *Déjà, ce que j'aime, c'est le format court. Parce que, voilà, ça fait le temps du dîner, puis ça me permet de faire autre chose après ou de sortir avant, après, peu importe. Des fois ça me permet aussi de morceler. J'aime pas tomber en panne de séries. Donc j'ai toujours du stock* », dit Bénédicte.

Ainsi, à la structuration narrative en chapitres et aux formes distribuées dans le temps ou au contraire linéaires, s'ajoute l'usage autonome de leur diffusion et individualisé que la lecture et le visionnage des séries ont aussi en commun.

II. Une réception par l'enquête : le sens de « l'hyper-réalisme »

La catégorie de « l'hyper-réalisme »

Depuis les années 1990, les séries télévisées contemporaines, particulièrement les séries américaines, semblent avoir provoqué un changement dans le rapport entre le monde d'un côté et la fiction de l'autre, non pas en resserrant ce lien au profit du réalisme, mais en créant un niveau propre, leur niveau de réalité. Carl, 27 ans, amateur de séries télévisées, dit de la série *Entourage* qu'elle est « *hyper-réaliste* ». Il parle encore de « *réalisme poussé à l'extrême.* »

> Entourage, *c'est une de mes séries au top. C'est l'histoire d'un jeune mec qui vient du Queens à New-York, et qui devient acteur en fait. Et il est là avec ses deux meilleurs amis et son frère, qui est lui aussi acteur, mais raté, dans des petites séries justement. C'est un acteur, un peu… la traversée du désert. Et il retrouve un rôle dans une série, mais c'est pas lui la star, c'est son petit frère, le play-boy qui devient l'acteur star à Hollywood. Et on suit leur évolution dans le milieu et c'est HBO aussi. Hyper-réaliste. Ils sont à Cannes pour la production d'un film. Et c'est vraiment à Cannes, parce qu'en fait c'est plus ou moins inspiré de l'histoire de Mark Wahlberg dont c'est le frère qui doit être producteur de la série, un truc comme ça. Et Mark Wahlberg, il connaît bien Brad Pitt, George*

Clooney, tout ça. En gros, ils ont réussi à monter sur les marches à Cannes, à faire le vrai truc quoi. On s'y croit quoi. Il y a plein, énormément de caméos, d'apparitions de stars. Et la série est hyper-réaliste. Le réalisme est poussé à l'extrême.

(Carl, 27 ans, concepteur sur Internet, *The Wire, How I Met Your Mother, Entourages, Dawson, Samantha Who?, The Office, 30 Rock*)

Carl ne dit pas qu'*Entourage* est réaliste, à savoir représentative ou imitative d'un réel tel qu'il le perçoit (un fac-similé), mais qu'elle est « *hyper-réaliste* », à savoir qu'elle rejoint le réel dans certains de ses moments, en l'occurrence la montée réelle des marches lors du festival de Cannes 2007 par les acteurs de la série. Ce que Carl décrit comme « *hyper-réaliste* », nous voudrions le spécifier théoriquement comme « l'effet de réel » caractérisant le régime fictionnel des séries télévisées contemporaines et, historiquement, américaines. « *L'hyper-réalisme* » et le « *réalisme poussé à l'extrême* » désignent précisément cet au-delà du « réalisme ». « *L'ultra-réalisme* » désigne un réalisme fictionnel. Il témoigne de la part prise au réel par la fiction.

Une série excellente de science-fiction c'est Battlestar Galactica. *Ce qui fait sa force à cette série, bien que ce soit une série de science-fiction, c'est ultra-réaliste. C'est-à-dire que ça ne va pas être une série de science-fiction qui va nous montrer des batailles spatiales, il y en a et elles sont vraiment géniales. L'histoire, rapidement, ce sont des humains qui avaient fabriqué des machines, les machines se sont retournées contre eux et ont détruit à l'arme atomique leur habitat. Ces êtres humains se retrouvent coincés dans leurs vaisseaux spatiaux, bloqués dans l'espace, poursuivis par ces gens-là. Ils vont devoir survivre dans l'espace, dans leurs vaisseaux. On va être confronté aux problèmes de ravitaillement en eau, aux problèmes de politique intérieure, de conflits, tout ce qui est relationnel mais qui est vraiment poussé. Même économique. C'est vraiment à ce niveau-là une série ultra-réaliste. Malgré que ce soit de la science-fiction, on se rend compte que l'on fait vraiment attention aux problèmes qui pourraient se passer dans ces cas-là.*

(Aurélien, 25 ans, étudiant à l'IUFM, *Véronica Mars, Battlestar Galactica*)

Que l'effet de réel soit indépendant du type de série se manifeste dans tous les cas où ce critère est mobilisé à propos de série de science-fiction.

La néo-télévision

Dans le cadre général désigné par Umberto Eco de « néo-télévision[1] », les programmes télévisuels sont marqués, depuis les années 1980, d'une forte réflexivité. La « néo-télévision » est une télévision qui se prend pour objet, parle d'elle, de ses participants et de sa relation à ses publics, à l'inverse de la « paléo-télévision » pensée, elle, dans un rapport d'extériorité, comme fenêtre sur le monde. Articulée à la connivence avec le public et à la forme privilégiée du jeu, la néo-télévision demeure fortement appuyée sur la notion de *réalisme* dans le cas des fictions, qui est une traduction, au niveau de leurs caractéristiques formelles, de ce rapport mimétique au réel. Dans le champ états-unien Robert Thompson caractérise la télévision de « qualité », à laquelle il rattache les séries, comme une « télévision qui aspire au réalisme[2] ».

La néo-télévision fait appel à un spectateur compétent, détenteur d'une *television literacy*[3]. Sa compétence se mesure à sa capacité à *décoder* un texte. Au cœur de l'analyse de la réception se trouve en effet le couple texte/lecteur[4]. Du côté du « texte », le genre, entendu au sens d'une convention partagée par les spectateurs sur la nature de la production qu'ils visualisent, est un élément structurant de la réception. Le genre comme convention de nature esthétique et institutionnelle (télévisuelle) est en partie négocié selon les publics et évolutif[5]. Dans le champ français des études sur la télévision, le modèle triangulaire de François Jost synthétise cette dimension sous la figure de trois genres : « fictif », « ludique » et « authentifiant »[6]. Les

---

1. U. Eco, « TV : La transparence perdue », in *La Guerre du faux*, Paris, Grasset/Fasquelle, 1985, p. 196-220.
2. R. J. Thompson, *op. cit.*
3. É. Maigret, *Sociologie de la communication et des médias*, Paris, Armand Colin, 2003 ; H. Glevarec, É. Macé et É. Maigret (dir.), *Cultural Studies. Anthologie*, Paris, Armand Colin, 2008.
4. D. Morley, "Texts, readers, subjects", *in* S. Hall *et al.* (dir.), *Culture, Media, Language*, London/New York, Routledge, 1980, p. 163-173.
5. La notion de « genre que l'on perçoit » (*versus* « le genre dont on parle ») que mobilise E. Ethis à propos des genres cinématographiques semble problématique : on ne perçoit pas un genre, on *reconnaît* un genre. Cela suppose une activité de catégorisation qu'exclut la perception (supposée directe). Voir E. Ethis, *Pour une po(ï)étique du questionnaire en sociologie de la culture. Le spectateur imaginé*, *op. cit.*, p. 58.
6. F. Jost, *Comprendre la télévision*, Paris, Armand Colin, 2005.

« promesses de genres », guides à la lecture proposés par un programme, ne sont pas sans faire écho aux « lectures préférentielles » des théoriciens des *reception studies*[1]. De façon synthétique, on peut dire que la conceptualisation de la néo-télévision s'appuie sur un modèle d'analyse du contenu et de la réception qui associe fortement le genre et le décodage et, dans le cas de la fiction, le réalisme.

Or, comme l'indique le propos de Carl rapporté plus haut, n'y a-t-il pas dorénavant un trouble dans la réception créé par certaines séries américaines ? De même, le réalisme, dont on voit, dans le cas cité par notre interviewé, qu'il n'est pas le qualificatif pertinent, puisque la fiction est réellement tournée *in situ*, semble une notion inadéquate pour décrire et analyser les séries américaines récentes. Dit autrement, il ne s'agirait plus tant de savoir si *Urgences*, pionnière des nouvelles séries, est réaliste ou non, mais de comprendre que des séries contemporaines comme *Urgences*, *Six Feet Under* ou *Les Soprano* sont telles dans notre temps historique qu'elles ont créé leur état, celui d'un « réalisme fictionnel ». Le trouble n'advient-il pas dans le cas des séries, de ce que, comme le dit Julie, étudiante, « *nous pouvons penser que ces choses se passent vraiment je ne sais pas où dans le monde ou on peut penser qu'un jour pourrait se passer quelque chose de semblable à nous aussi*[2] », à savoir qu'elles anticipent à nos yeux le réel, loin donc d'un réalisme appuyé sur un référent concret déjà actualisé ? L'identification paradoxale d'une « vérité fictionnelle » par Jean-Pierre Esquenazy[3] ainsi que l'analyse des « faux-semblants » du documentaire par François Niney[4] témoignent de ce dont il faut rendre compte dorénavant, au vu de ce que disent aussi les spectateurs d'œuvres audiovisuelles, à savoir qu'une fiction peut apparaître fausse (alors qu'elle ne le devrait pas à l'aune de son genre fictionnel) et un documentaire sembler fictif[5]. Quel modèle faut-il mobiliser pour rendre compte de ce trouble, de ce qui

1. D. Morley et C. Brundson, *The Nationwide Television Studies*, London, Routledge, 1999.
2. C. Rossini, « "La série c'est vraiment le reflet d'une certaine génération d'aujourd'hui" La consommation de séries télévisuelles », travail de séminaire, MA en sciences de la société, Université de Fribourg, 2010.
3. J.-P. Esquenazi, *La Vérité de la fiction. Comment peut-on croire que les récits de fiction nous parlent sérieusement de la réalité ?*, Paris, Hermès Lavoisier, 2009.
4. F. Niney, *Le Documentaire et ses faux-semblants*, Paris, Klincksieck, 2009.
5. I. Veyrat-Masson, *Télévision et histoire, la confusion des genres. Docudramas, docufictions et fictions du réel*, Paris, De Boeck, 2008.

se décrit moins comme un régime de « fiction réaliste » que comme un régime de « réalisme fictionnel » ?

L'enquête que suscite le trouble dans la réception n'est pas sans faire écho aux effets d'une ancienne série considérée comme pionnière d'un renouveau sériel, *Hill Street Blues* (1981). Pourquoi *Hill Street Blues* plongeait-elle particulièrement ses téléspectateurs dans l'action ? Considérée comme une des premières séries contemporaines de la *quality television*, elle jeta le trouble dans la réception puisqu'elle mélangeait les genres précédents du soap et du drama : il s'agit « d'un *soap opera* qui a lieu dans un commissariat », écrit Steve Jenkins[1]. Elle opère, dans les années 1980, une rupture par rapport aux précédentes séries policières (*Starsky et Hutch* par exemple) et aurait demandé une nouvelle façon de regarder la télévision, où « le spectateur n'est jamais sûr de ce qu'il se passe[2] ».

Nous nous proposons d'argumenter en faveur d'un modèle analytique de la post-télévision articulant effet de réel, cadre d'interprétation, horizon d'attente et enquête en contraste avec le modèle de la néo-télévision et son réseau notionnel privilégiant réalisme, genre, promesses de genre et décodage. Nous défendrons l'usage de « l'effet de réel » dans le cadre d'une post-télévision et un déplacement des notions de « genre » et de « décodage » vers celles de « cadre d'interprétation » et « d'enquête ». Trois traits caractéristiques des séries contemporaines constitueront le matériau à l'appui de notre proposition : le renouveau sériel de la grammaire audiovisuelle, à travers l'exemple pionnier de la série *Urgences*, les caractéristiques pragmatiques de leur diégèse et, enfin, le point de contact des séries avec les faits réels et fictionnels du monde. Du « réel » nous retenons ici la définition et l'extension suivantes : il s'agit du réel des faits du monde, du réel des faits conjoncturels du monde socio-historique, parmi lesquels les œuvres de fiction elles-mêmes (une série, un film, un livre, etc.) font partie, de façon plus prégnante qu'avant, de manière plus troublante aussi.

Les séries télévisées considérées ici sont prioritairement américaines et leur cadre de réception est français. La distinction des récepteurs nationaux et des récepteurs étrangers d'une fiction n'abolit que dans les marges

1. S. Jenkins, *op. cit.* ; J.-P. Esquenazi, *La Vérité de la fiction*, *op. cit.*
2. S. Jenkins, *op. cit.*

certains effets de réel, à proportion de l'enquête permise pour un spectateur par son inscription dans un contexte socio-historique partagé. Autrement dit, on traitera ici d'un phénomène général pertinent pour des spectateurs français qui partagent avec les Américains un certain espace du contexte socio-historique et culturel des États-Unis (notamment leur langue, à travers le visionnage en version originale pour une part croissante d'entre eux) et du monde (pour partie partagé grâce aux médias). C'est cet espace partagé qui définit le champ pertinent pour un récepteur français.

Effet de réel et réalisme fictionnel des séries

L'effet de réel

J'emprunte à Roland Barthes, la notion « d'effet de réel[1] » en la spécifiant dans le but d'en montrer la pertinence pour la compréhension de la télévision contemporaine[2]. Roland Barthes propose la notion « d'effet de réel » dans un cadre d'analyse littéraire structurale, afin de désigner l'effet du *détail* sur le lecteur : « Car dans le moment même où ces détails sont réputés dénoter directement le réel, ils ne font rien d'autre, sans le dire, que le signifier : le baromètre de Flaubert, la petite porte de Michelet ne disent finalement rien d'autre que ceci : nous sommes le réel; c'est la catégorie du "réel" (et non ses contenus contingents) qui est alors signifiée; autrement dit, la carence même du signifié au profit du seul référent devient le signifiant du réalisme : il se produit un effet de réel[3] ». La valeur de « vie » du détail inutile ne se retrouverait-elle pas dans l'exemple du frigo de la famille *Les Soprano* de la série éponyme [1999-2007 US], tel que le signale Georges ?

1. R. Barthes, « L'effet de réel », in *Littérature et réalité*, Paris, Seuil, coll. « Points Essais », 1982 (1re éd. 1968), p. 81-90.
2. Nous avons déjà redéfini cette notion sur une base radiophonique, notamment à partir de ses manifestations canularesques centrales en radio ; il suffit d'écouter les « radios libres » de Skyrock ou de Fun radio le soir ou les reportages de Mai 1968. Voir H. Glevarec : « Du canular radiophonique à l'effet réel », *in* J.-O. Majastre et A. Pessin (dir.), *Du canular dans l'art et la littérature*, Paris, L'Harmattan, 1999, p. 75-94 ; « Le reportage radiophonique des "évènements" Mai 1968 a-t-il inventé "l'effet de réel" en radio ? », *in* C. Delporte *et al.* (dir.), *Images et sons de Mai 68 (1968-2008)*, Paris, Nouveau monde Éditions, 2010, p. 35-54.
3. R. Barthes, « L'effet de réel », *op. cit.*, p. 89.

> *Dans la série* [par rapport au cinéma] *on a affaire à quelque chose de tout à fait différent qui est peut-être plus proche de la vie. La vie, ce n'est pas une simple histoire et après ça se finit.* [...] *Dans les séries on dévide un fil comme dans les mythologies où les dieux tissent le destin. Et puis on n'a pas la frustration que ce soit fini. À tel point qu'il y a des séries qui n'ont jamais été finies.* Party Animals *par exemple.* [...] *Quand je vois* Les Soprano, *c'est pas* Le Parrain, *c'est sur le modèle du parrain. C'est comment des ritals, mafieux, s'intègrent, vivent dans la société américaine. Ils ont les mêmes problèmes* [que nous]. *Ils ont un frigo qu'ils ouvrent, qu'ils ferment. Un gros frigo américain. Ils ont des enfants qui doivent faire l'université, il y a un curé, il y a tout un environnement. En fait, le côté excentrique et fantastique c'est qu'en fait ils font exactement comme nous, mais ils ont ce signe particulier qu'ils sont mafieux ou qu'ils sont vampires* [allusion à la série *True Blood*].
>
> (Georges, 59 ans, directeur d'une école de gestion, *Twin Peaks, True Blood, The Last Ennemy, Party Animals, Les Soprano*)

Le sens donné par Roland Barthes au détail n'est pas un sens pragmatique mais un sens littéraire. Il s'agit d'introduire une catégorie littéraire, celle du réalisme. Il y a une proximité entre le « détail » littéraire et le « *punctum* » développé ailleurs à propos de la photographie[1]. Effet de réel et *punctum* tiennent à un trait pragmatique qui lie une représentation à son contexte de production[2]. Le *punctum* photographique témoigne des conditions de production, des conditions d'une prise de vue en l'espèce. L'effet de réel émerge d'une sortie du code, code partagé par des récepteurs compétents, maîtres d'une grammaire cinématographique, littéraire, télévisuelle, voire ordinaire. Le détail ou *punctum* ont une dimension d'inattendu, de surprise qui enclenche sur un questionnement et un travail qui relèvent de la question : que s'est-il passé ? Que se passe-t-il là ? L'effet de réel est ni plus ni moins qu'un trouble dans la représentation. Le spectateur ne dispose

---

1. R. Barthes, *La Chambre claire. Note sur la photographie*, Paris, Cahiers du cinéma Gallimard Seuil, 1980.
2. « [Le détail] se trouve dans le champ de la chose photographiée comme un supplément à la fois inévitable et gracieux; il n'atteste pas obligatoirement l'art du photographe; il dit seulement ou bien que le photographe se trouvait là, ou bien, plus pauvrement encore, qu'il ne pouvait pas ne pas photographier l'objet partiel en même temps que l'objet total ». Ce qui lie une reproduction à son contexte de production c'est bien la trace du hasard : « Le *punctum* d'une photo, c'est ce hasard qui, en elle *me point* (mais aussi me meurtrit, me poigne) ». R. Barthes, *La Chambre claire. Note sur la photographie, op. cit.*, p. 49; p. 80.

plus d'un code conventionnel – un genre qui contient des promesses, un univers diégétique séparé du monde ou une grammaire visuelle conventionnelle – pour comprendre ce qu'il a devant les yeux.

La notion d'effet de réel garde cependant une ambiguïté qui tient à la présence des deux versants d'une part de « l'effet » et d'autre part du « réel ». Chez Barthes, le détail vise moins l'effet sur le lecteur qu'il n'objective une dimension intellectuelle, littéraire, mettant en cause « l'esthétique séculaire de la représentation » dans un champ culturel, celui de la littérature. Nous opérerons un passage à la dimension pragmatique de l'effet de réel, c'est-à-dire à sa dimension « d'effet » dans le cadre précis des médias. Nous passons du « comme si » de l'effet de réel à son effet tout court. De stylistique (lié au roman réaliste, particulièrement au roman flaubertien), l'effet de réel sera pour nous entendu comme effet de réel pragmatique et social (au sens des cadres qui définissent une réception à un temps historique donné[1]). Distinct de la notion de réalisme, l'effet de réel décrit les modalités contemporaines du rapport entre le cadre télévisuel et le référent. Si l'effet de réel peut être conçu comme étant lui-même un genre télévisuel, c'est alors au sens d'être une manipulation de codes propres à des genres. Or, le « réel » est bien ici ce qui saisit le récepteur par sa nouveauté, sa surprise, son absence de familiarité et de cadrage symbolique[2]. Dans le cas d'*Urgences* qui nous servira d'exemple, la dimension de réel semble se manifester dans l'angoisse et la fuite qu'elle provoque chez certains spectateurs qui ne supportent d'y voir mis en scène des atteintes multiples au corps humain, la mort incluse. La dimension de réel de la série *In Treatment*[3] réside peut-être dans l'abolition de la frontière naturelle ou traditionnelle entre fiction

1. E. Goffman, *Les Cadres de l'expérience*, Paris, Éditions de Minuit, 1991 (1re éd. 1974).
2. L'analogie est saisissante, sinon probante, avec ce que dit le psychanalyste C. Melman du « temps réel », bien qu'à propos du cinéma d'horreur, en l'appuyant sur la catégorie du réel de Lacan : « Qu'est-ce donc que cette épreuve que l'on appelle le temps réel ? Elle consiste dans le fait d'être concerné par un évènement qui n'est préparé par aucun discours. [...] Le temps réel consiste à être le témoin brusque et soudain d'un évènement qui n'a été annoncé ni précédé d'aucun discours, de telle sorte que j'assiste à une représentation en étant incapable d'en dire quoi que ce soit. » Et Melman de citer la description de la bataille de Waterloo subie par Fabrice sous la plume de Stendhal. Voir C. Melman, *La Nouvelle Économie psychique. La façon de penser et de jouir aujourd'hui*, Paris, Erès, 2009, p. 73-74. Sans doute convient-il d'ajouter qu'il reste à préciser la nature de ce qui est entendu par la notion de discours dans le cas présent. Dans le cas de la réception d'une fiction, lequel en effet des quatre discours lacaniens est mobilisé ?
3. À savoir une série, américaine mais d'origine israélienne (*BeTipul*), basée sur une psychothérapie en face à face empruntant au modèle de la psychanalyse relationnelle américaine, qui valoriser « l'horizontalité » des rapports patient-thérapeute. J. Feuer, "Psychoanalysis of/in the Series",

et intimité psychothérapeutique ou médicale, comme si tous les espaces de vie pouvaient être mis en scène dans une fiction. Et, même à l'âme du plus sceptique des psychanalystes français, le trouble pourrait bien advenir si d'aventure il entrevoyait que des séances de psychanalyse empruntant aux paroles effectives entre un analyste et un analysant étaient mises en scène dans une série. Il resterait à le réaliser.

L'effet de réel se distingue de « l'impression de réalité » proposée par Christian Metz qui renvoie à une immersion du spectateur dans le film semblable à l'illusion de réalité du rêve[1]. Cette impression résulte de la dialectique entre « l'impression de réalité » propre à la fiction et la « réalité du matériau ». Par exemple, au théâtre, la (trop forte) réalité du matériau compromet le fonctionnement de la réalité de la diégèse. Au contraire, la photographie ou la peinture réaliste possèdent trop peu d'impression de réalité pour fonctionner comme le cinéma qui, lui, est entre les deux. Pourtant, dit Christian Metz, il ne s'ensuit nullement que l'impression de réalité diégétique soit d'autant plus forte que le matériau utilisé est plus éloigné de la réalité.

L'effet de réel, lui, comme le syntagme l'indique, n'est pas une impression (au sens d'une immersion) mais bien un effet (au sens d'un trouble) dont la dimension de *prise* sur le récepteur est essentielle. L'effet de réel est ce contact, d'une durée limitée dans la diégèse, avec le monde réel et social. L'effet de réel se produit chaque fois qu'un univers diégétique représentationnel (fiction ou cadre ordinaire) vient « toucher » le monde réel. Il est possible d'en proposer une appréhension graphique par le schéma ci-après (schéma 1). L'effet de réel y est ce point de contact de la diégèse fictionnelle avec le temps réel et social ou avec le monde situé et daté attaché à une configuration historique. On pourrait sans doute symétriser les deux lignes haute et basse pour rendre compte de ce qui suivra, à savoir que la fiction touche le monde tout autant que ce dernier touche la fiction, puisque la fiction tend dorénavant à « tomber » dans le monde et inversement.

---

conférence lors de la journée d'étude « Les séries télévisuelles : méthodologies et nouvelles directions », Laboratoire Communication et Politique, 9-10 avril 2010.

1. C. Metz : *Le Signifiant imaginaire*, Paris, UGE, coll. « 10/18 », 1977 ; « À propos de l'impression de réalité au cinéma », *Essais sur la signification au cinéma I*, Paris, Klincksieck, 2003, p. 13-24.

Schéma 1 : Illustration de l'effet de réel comme point de contact

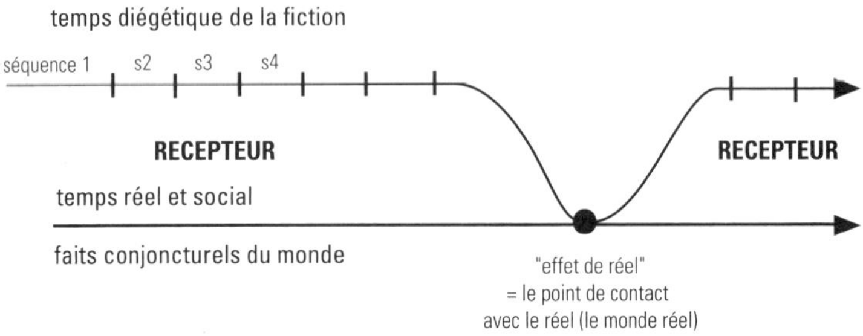

Au regard de cette affirmation, la catégorie du réalisme, et peut-être même celle de fiction, semble inadaptée pour rendre compte de la réception de la fiction sérielle contemporaine. La notion d'effet de réel permet la différenciation avec le réalisme et l'impression de réalité. Le réalisme désigne un rapport au réel, toujours révisable, critiquable, etc., tandis que l'effet de réel tient à un jeu sur le cadre d'interprétation mobilisé. L'effet de réel peut être de deux sortes, interne ou externe, jeu sur les codes et conventions télévisuelles existantes ou jeu sur le cadre d'interprétation. D'un côté, on obtient un effet de réel de nature cognitif (c'est le cas du *cross-over* où un personnage d'une fiction apparaît dans une autre), de l'autre un effet de nature pragmatique (c'est le cas possible lors d'insertion de faits du monde dans une fiction). D'un côté, le média s'efface comme médium, de l'autre, il joue sur ses cadres d'interprétation, en mettant en question les arrière-plans de la consommation télévisuelle[1]. Tandis que le réalisme désigne un rapport de correspondance de la représentation avec le réel, l'effet de réel désigne, lui, un rapport d'insertion du réel dans la représentation, son point de contact.

Post-télévision et cadres de l'expérience

Le modèle des genres (au nombre de trois : « authentifiant », « fictif » et « ludique ») et de leur « promesse » proposé par François Jost décrit bien, selon nous, la paléo ou plutôt la néo-télévision dont parle Eco[2]. Mais il nous

1. H. Glevarec, « Du canular radiophonique à l'effet réel », *op. cit.*
2. F. Jost : *La télévision au quotidien*, Paris, De Boeck/INA, 2001; *Comprendre la télévision*, *op. cit.*

semble que la post-télévision à laquelle nous avons affaire se saisit mieux avec la notion de « cadres » empruntée à Erving Goffman[1] qu'avec celle de « genres », qui n'est qu'un des critères de caractérisation de la réception d'une œuvre, mieux avec l'effet de réel qu'avec le réalisme. Parlant de « l'effet d'actualité et d'humanité » des séries policières françaises, François Jost évoque ainsi un « réalisme prétendu » et concède au mieux un « nouveau réalisme[2] ». En effet, le modèle triangulaire des genres ludique, authentifiant et fictif et des promesses afférentes faites au(x) récepteur(s) – en tant que modèle appuyé sur les promesses et non sur la réception – n'est pas adapté pour rendre compte des effets de réel qui échappent au genre et au décodage qui lui est attaché comme mécanisme cognitif.

Le schéma 2 synthétise la différence qu'il y a entre saisir une réception en termes ternaires de « promesses de genre » et saisir une réception où le récepteur n'a qu'accessoirement la « promesse » d'un genre pour comprendre des fictions (dans le cas qui nous intéresse) qui, comme on l'a vu et on le verra avec l'exemple d'*Urgences*, se *réalisent* à travers des effets cognitifs (*cross-over*, plan-séquences événementiels...) et conjoncturels (insertion de faits conjoncturels du monde dans la fiction), soit autant d'éléments qui *brouillent* le cadre d'interprétation qui, comme le définit Goffman, est un cadre social et aussi générique. Dit autrement, l'effet de réel se produit, voire se généralise, dès que la promesse du genre fictionnel d'être une fiction ne suffit plus à soutenir le *trouble* provoqué par l'apparition d'un fait dans la fiction qui affecte le récepteur de par son statut : c'est de la fiction *mais* ça parle d'attentats qui se sont produits il y a quelques jours dans le monde (*24 Heures Chrono, À la Maison Blanche*) ; c'est de la fiction mais il y a un personnage qui appartient à une autre fiction (cas de *cross-over* de deux séries). La question se pose alors au récepteur : à quoi ai-je affaire ? C'est un modèle même de l'enquête en réception qui s'avère devoir être sollicité pour rendre compte de ce rapport nouveau. Et ceci se produit parce que la fiction fait partie du réel dorénavant puisque les frontières entre ce qu'elle

1. E. Goffman, *op. cit.*
2. F. Jost, « Séries policières et stratégies de programmation », *in* P. Beylot et G. Sellier (dir.), *Les Séries policières*, Paris, INA/L'Harmattan, 2004, p. 57-83. « Au point où nous en sommes, nous tenons pour acquis que les séries classiques et les séries actuelles s'opposent moins en raison de leur plus ou moins grand réalisme qu'en raison de choix concernant le mode mimétique et la représentation du temps humain, qui sont aussi deux façons de concevoir la quotidienneté », p. 70.

met en narration et les faits du monde (réel et médiatique) y sont de plus en plus ouvertes. Et les séries télévisées américaines mettent en jeu, plus que d'autres sortes de fictions, ce passage.

Que dire d'une attente « authentifiante », de véracité historique et sociologique, à l'endroit d'une série ou des séries ?

> [Les Tudors] *C'était une série complètement différente de celles que j'avais l'habitude de voir. On retrouve l'infidélité, les tromperies, les complots. C'est intéressant tout ça. Ils ont quand même assez respecté l'histoire. Moi qui ne connaissais pas trop l'histoire d'Henri VIII, j'ai bien aimé. Du coup j'ai été sur Internet, j'ai regardé la véritable… J'ai été me faire un petit cours d'histoire d'Angleterre à cette époque-là pour voir vraiment ce qui s'était passé, si la série avait respecté l'histoire.* […] *Voir si c'était vraiment réel, vu qu'on dit qu'Henri VIII a fait tuer, a fait exécuter ses femmes, globalement. Certaines ont réchappé à la guillotine, elles ont eu la tête tranchée en tout cas. Je voulais voir si c'était vrai, voilà.*
>
> (Morgane, 31 ans, secrétaire, *Desperate Housewives, Dexter, Nip/Tuck, Friends, Malcom, Sex and the City, Newport Beach*)

Cette attente signale un trait qui à la fois confirme que ce type de réception appartient au mode de la feintise (« les auteurs respectent-ils l'histoire ? » est une question qui se pose au récepteur), qui est son registre spécifique (relativement au discours historique par exemple) pour les philosophes de l'art[1] mais qu'il s'y ajoute un trait sinon de réalité, d'histoire (ou de sociologie ou d'autres sciences). Il s'agit alors de contrebalancer le rapport premier de feintise. Le rapport de véracité historique attendue de la série joue comme preuve de l'effet de réel des séries. Tout se passe comme si la réception des séries mettait particulièrement à jour ce mode (contemporain ? nouveau ?) de réception de la fiction comme *feintise référentielle*. Un tel assemblage n'est pas sans provoquer un trouble sur la nature des choses qui sont mises devant les yeux.

1. « La fonction de la feintise ludique est de créer un univers imaginaire et d'amener le récepteur à s'immerger dans cet univers, elle n'est pas de l'induire à croire que cet univers imaginaire est l'univers réel », J.-M. Schaeffer, *Pourquoi la fiction ?*, Paris, Seuil, 1999, p. 156.

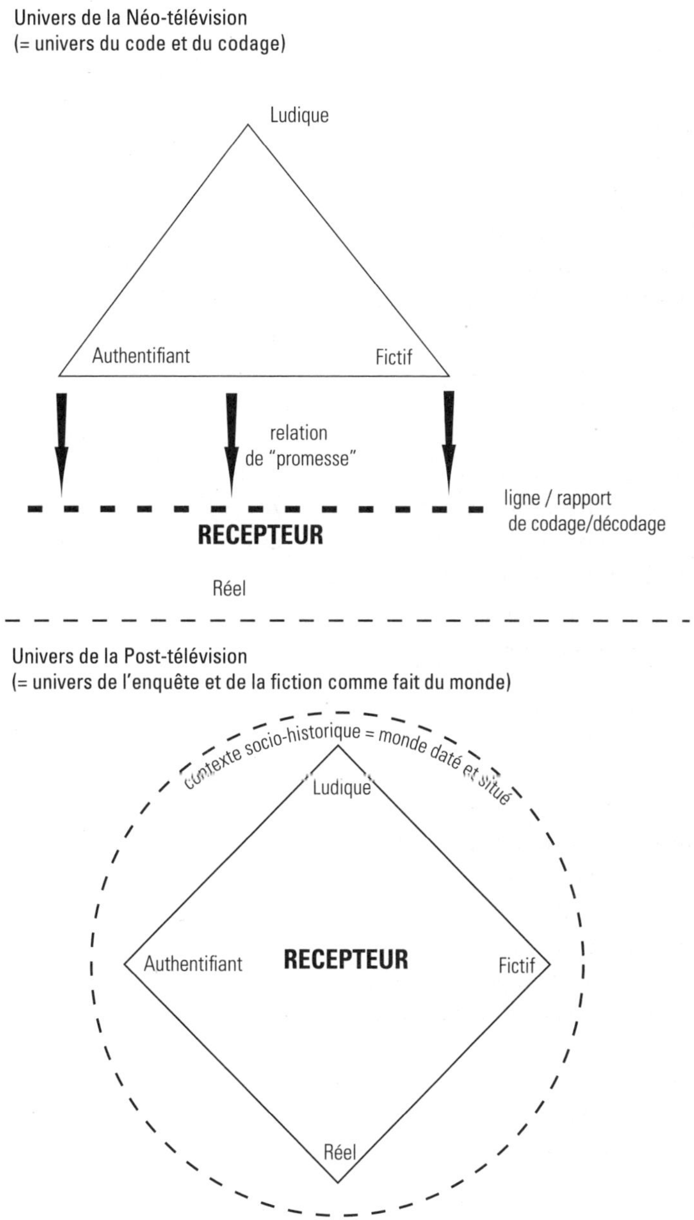

Schéma 2 : De la néo-télévision à la post-télévision

Comme l'indique le schéma 2, le triangle jostien des genres n'est plus conforme à ce monde des productions audiovisuelles sortant d'une boîte appelée téléviseur, il est dorénavant à la taille du monde, il lui est pour une part co-extensif. Dans le modèle de François Jost, le récepteur est dans un rapport dit de « promesse » au genre auquel appartient l'œuvre audiovisuelle qu'il a devant les yeux, son rapport est de « décodage » d'un genre dont il a la compétence générique, dont il a la *television literacy*, la compétence télévisuelle. Dans l'univers de la post-télévision propre aux séries télévisées contemporaines, le rapport d'extériorité du récepteur à une production audiovisuelle est mis à mal et insuffisant chaque fois que, dans le cas du genre fiction, cette dernière inclut un élément du réel, se réalise momentanément en rendant sans recours la promesse d'être une fiction. C'est pourquoi dans l'univers de la post-télévision, le triangle herméneutique des genres n'est plus qu'une des dimensions du rapport des récepteurs que nous sommes aux œuvres de fiction, particulièrement les productions sérielles contemporaines américaines. Le « genre » n'est qu'une dimension du « cadre d'interprétation » et la « promesse » qu'une dimension d'un « horizon d'attente » moins strict qu'un simple régime télévisuel de réception.

Le schéma 2 ne situe pas les récepteurs que nous sommes en face d'une trilogie de genres audiovisuels, extérieurs comme des tableaux accrochés aux cimaises d'un musée, mais l'inclut dans un contexte socio-historique dans lequel la fiction, notamment, est un élément inséré lui-même dans le réel. Le modèle n'est plus ni ternaire, ni extérieur au récepteur. Il est au minimum quadrilatère et co-extensif aux récepteurs que nous sommes. C'est pourquoi le récepteur y est représenté *dans* un rapport à des productions audiovisuelles qui sont incluses comme faits réels du monde. Et le rapport du récepteur à la série n'est pas celui d'un individu devant une promesse (« ontologique » ou « pragmatique[1] ») qui accompagne l'objet qu'il regarde,

1. Le modèle de la double promesse de la communication télévisuelle, « ontologique » et « pragmatique » – la première étant la définition du genre (comédie, etc.), la seconde correspondant à la catégorisation proposée par le diffuseur lui-même et qui peut être en accord ou en désaccord avec la première – ne transforme pas un modèle appuyé sur la production en un modèle de réception, malgré l'usage du terme *pragmatique*. La « promesse pragmatique » faite « du côté de l'émetteur » n'est-elle pas problématique au regard de ce que pragmatique veut dire, une dépendance du sens à la situation des récepteurs ? Une « Promesse » peut-elle être « pragmatique » ? Voir F. Jost, « Ruptures et retournements de la sémiologie des médias à l'ère de la communication », *Semen* [en ligne], n° 23, août 2007.

et qu'il suit ou non, croit ou non, interprète correctement ou non, mais est au-delà de la promesse de genre ou de monde, ne s'y réduit pas, parce qu'elle met en rapport l'œuvre non pas avec une promesse mais avec le cadre qui la comprend, conventions passées du domaine de la fiction et rapports de la fiction et du monde.

L'effet de réel plonge le récepteur dans le contexte, contexte dans lequel il y a la fiction elle-même. Les cas de *cross-over* de séries en témoignent, en tant que la fiction est devenue un élément du réel, puisqu'un *cross-over* de fictions suppose de s'appuyer sur au moins une des fictions pour *lire* l'autre. Les épisodes des séries réalisés en direct en sont d'autres. Les références aux faits conjoncturels du monde d'autres manifestations encore.

Un réalisme fictionnel

Si nous suivons ici Jean-Marie Schaeffer quand il montre que la fiction ne vise pas la réalité référentielle[1], nous ne défendons pas la notion d'effet de réel pour nous rapprocher du réalisme mais pour y décrire un autre mécanisme. Le recours aux effets de réel manifeste une place nouvelle des médias dans la vie quotidienne. Les œuvres audiovisuelles, les séries télévisées notamment, sont devenues réelles. Les séries contemporaines ne

1. J.-M. Schaeffer, « Quelles vérités pour quelles fictions ? », *L'Homme*, n° 175-176, 2005, p. 19-36. Bien qu'il n'ait pas la série télévision contemporaine dans son corpus d'œuvres fictionnelles le modèle que nous défendons est conforme à celui soutenu par O. Caïra (dans *Définir la fiction. Du roman au jeu d'échecs*, Paris, Éditions de l'EHESS, 2011). Il y défend une pragmatique réformée de la fiction, à savoir une sociologie des cadres fictionnels où il est clairement montré que ce qui définit la fiction c'est un cadre et la science un autre. Elle comporte toutefois une difficulté dans sa définition ontologique de la fiction comme « levée des contraintes de recoupement [recherche de la preuve] et d'isomorphisme [correspondant d'un système *a priori* avec le réel] pesant sur les cadres de la communication ». D'une part, cette définition suppose qu'une situation de communication est caractérisée par le souci de ces contraintes, ce qui n'a pas été constaté dans les communications entre individus. D'autre part, plus décisif à nos yeux, par rapport à la fiction elle-même, nombre de producteurs et de récepteurs sont guidés par la recherche de recoupement et d'isomorphisme. C'est même un critère essentiel de réception par certains récepteurs que de désigner la « ressemblance », la « justesse », la « pertinence », la validité sociologique ou historique d'une fiction à leurs yeux. O. Caïra écrit d'ailleurs que « dans le cas des romans historiques et des docufictions télévisées, l'engagement de documentarité peut même donner lieu à des vérifications » (*op. cit.*, p. 231). La définition de J.-M. Schaeffer apparaît plus juste, de par son fondement conventionnaliste : « La fiction se distingue de la connaissance factuelle non pas parce qu'elle est fausse là où l'autre est vraie, mais parce qu'elle met entre parenthèses la question du vrai et du faux en tant que telle » (J.-M. Schaeffer, « Préface », *in* O. Caïra, *Définir la fiction. Du roman au jeu d'échecs*, *op. cit.*, p. 12). Le critère qui distingue la fiction de la science (et non d'un cadre de la communication en général) est définitoire, c'est celui de l'assertabilité des propos de la seconde.

constituent pas des fictions réalistes mais visent un *réalisme fictionnel*[1]. Il ne s'agit pas ici de rechercher les *indices* du réel, mais de saisir comment une fiction brouille sa distinction avec un cadre réel. Autrement dit, le réalisme de la série n'est pas le centre de l'affaire, il n'est qu'une condition de ses effets de réel. Pourquoi le réalisme est-il secondaire ? Parce que c'est à l'issue de la série que les spectateurs ont appris quelque chose sur les urgences hospitalières et les termes médicaux, nous apprend Sabine Chalvon-Demersay à propos d'*Urgences*. Ils n'avaient pas de cadre réel sur lequel s'appuyer et leur savoir est postérieur et non antérieur.

Georges, 59 ans, directeur d'une école de gestion, est frappé par le « *haut niveau de technicité, la qualité de la bande-son, le soin apporté aux environnements* » dans les séries actuelles qu'ils regardent depuis peu. Avant, « *l'ellipse permettait de faire des économies. Dans les séries, il y a de réels moyens, des dépôts avec du matériel. Je me souviens avec* X-Files *parfois c'était limite, on jouait avec la nuit, ça permettait de ne pas avoir un décor trop compliqué à mettre en place ou fermer une rue dans la journée.* » Georges indique par son jugement esthétique qu'un des aspects favorables à l'immersion dans les séries est leur crédibilité qui se mesure ici à une certaine solidité du rapport entre l'action fictionnelle et son environnement matériel, rapport pragmatique à la base des jugements ordinaires de véracité et de fausseté[2].

1. H. Pourtier-Tillinac soutient que les séries de la seconde moitié des années 2000 se caractérisent par une « distance fictionnelle assumée ». Celles-ci se donnent à voir comme des fictions en un sens auto-réflexif à travers les trois principaux traits que sont les voix narratives *off*, les mises en abîme et les images graphiques dans les génériques. Elle affirme ainsi, « que la série [*Gossip Girl* 2007] mais plus généralement un ensemble de séries des cinq dernières années de la décennie 2000 ne cherche pas à créer des effets de réel » H. Pourtier-Tillinac « La fin du réalisme dans les séries télévisées. La narration à portée généralisante, un tournant télévisuel ? », *Réseaux*, n° 1, 2010, p. 47. J'opposerais ici l'argument que la voix *off* et la mise en abîme, s'ils manifestent la présence d'un cadre dans le cadre, une modalisation de cadres dirait Goffman (1991), sont des éléments propices à favoriser des effets de réel puisqu'un effet de réel est susceptible d'apparaître dès qu'une situation (le monde diégétique de la fiction) est perçue depuis une autre (un commentaire sur le monde diégétique de la fiction lui-même au sein de la fiction). Ainsi une voix *off* est-elle susceptible d'authentifier le reste d'une fiction pour le spectateur. Il n'y a d'effet de réel que de basculement, sinon tout est code ou fiction ou contrat de lecture et aucun trouble n'advient jamais. La notion de « distance fictionnelle » peut apparaître alors analytiquement problématique.
2. De la série *Sons of Anarchy*, le journaliste D. Angevin du magazine musical *Rock & Folk* écrit : « Tandis que la deuxième saison vient de s'achever en faisant un triomphe aux États-Unis, la France découvre la première dans une VF ridicule signée M6. Il suffit de s'offrir le coffret DVD pour entendre la VO. Un ange de la mort amerloque ne peut pas parler avec la voix de l'intermittent du spectacle qui double *Les Feux de l'amour*, que diable ! La télé française est désespérante. Non

Un grand nombre d'amateurs se définissent par un attachement viscéral aux versions originales (en langue anglaise) des séries américaines qu'ils regardent. Ils le font sur la base d'une expérience négative des versions doublées en français. « *J'ai essayé, mais non vraiment c'est non,* dit Aurélien. *Ça ne passe plus du tout parce qu'on perd beaucoup dans les versions françaises. Ne serait-ce qu'au niveau du jeu parce qu'on a beau dire mais un acteur derrière un micro qui commente des images n'aura pas les mêmes intonations et la même intensité qu'un acteur qui joue la scène. Il y a d'autres choses que l'on perd aussi, tout ce qui est accent. Il y a énormément d'ethnies aux États-Unis, donc énormément d'accents, que ce soit indien, arabe ou chinois, l'accent afro-américain, tous les Afro-Américains ont l'accent et en France il n'y a plus aucun accent, parce qu'en France, l'accent est considéré comme caricatural.* » Que perdent les séries doublées en français selon certains de leurs amateurs ? Elles perdent le lien pragmatique qui, dans les situations de la vie ordinaire, attache la voix et les sons en général à leur production par un corps et dans un contexte de production. Ce lien est une condition minimale à toute possibilité d'effets de réel, à leurs yeux[1].

Les transformations de la grammaire audiovisuelle des séries : l'exemple pionnier de la série *Urgences*

Prenons pour exemple princeps la série *Urgences* que Sabine Chalvon-Demersay caractérise par son réalisme. « Si l'on s'en tient à une approche technique on voit bien que les principales innovations de la série conduisent à mêler les genres et les styles, écrit Sabine Chalvon-Demersay. La série recourt au dispositif théâtral et à l'esthétique télévisuelle, emprunte à la comédie, au mélodrame, ou à la tragédie, tient de la série ou du feuilleton, mêle des conventions de la fiction et du documentaire. Toutes ces innovations formelles étant mises au service de la production d'une impression de réalité[2]. » Créée en 1994, *Urgences* peut être considérée comme une

---

seulement elle ne sait pas produire de série digne de ce nom, mais elle se débrouille pour saloper le travail des autres... » Voir D. Angevin, « Sons of Anarchy », *Rock & Folk*, n° 511, mars 2010.

1. Mais que dire de la réception de tous ceux qui sont indifférents au doublage français des séries anglo-saxonnes, et de ceux qui le préfèrent au sous-titrage en langue française ?
2. S. Chalvon-Demersay s'intéresse à ce que la série permet de connaître d'une société à travers ce qu'elle provoque et modifie dans le discours de ceux qui l'ont suivie. « La fiction fournit des cadres

série du renouveau du genre aux États-Unis. Elle est pionnière de ce qui s'avérera une longue suite et témoigne de ce renouveau de la fiction sérielle qui se manifeste par deux jeux sur les codes, antérieurs, de la grammaire audiovisuelle : son générique et sa prise de vue.

Le générique dissimulé

Le paratexte que constitue le générique, qui indique que le cadre pertinent à appliquer est celui d'une fiction (et non celui d'un documentaire par exemple) et qui annonce le début de celle-ci, n'advient dans *Urgences* que dans un second temps, après le lancement de la fiction. Ce modèle s'est généralisé, a même atteint l'épure dans la série *Lost* en se réduisant à une sorte de carton en mouvement du titre de la série[1].

Dans l'ordre, il y a tout d'abord un premier générique d'ouverture, minimal, nommant la série *Urgences* et accompagné d'une musique. Succède une suite de séquences des épisodes précédents qui se clôt par le titre de l'épisode à venir. Puis la série est lancée (ajoutons « comme si de rien n'était »). Ce n'est qu'après quelques minutes de l'épisode engagé qu'intervient le véritable générique. Cette seconde apparition du générique à l'écran est elle-même double. Une première partie est véritablement un générique qui s'accompagne d'une interruption du cours précédent de la narration. Il présente les noms des acteurs principaux et celui du créateur de la série. L'épisode reprend ensuite, accompagné quelques instants après par l'énumération des noms de l'équipe de production en surimpression.

Non seulement le générique n'ouvre pas l'épisode, mais quand il advient, il est dédoublé. Détaillons ce moment important. Il n'y a rien de nouveau, ni d'exceptionnel dans la surimpression d'une partie du générique sur l'épisode qui reprend son cours. Pourtant ce qui se produit est très important sémiologiquement et pour la réception. En effet, deux cadres coexistent : un cadre qui est celui du monde interne à la fiction proprement dite ; un autre cadre dont la codification est pleine, celui de l'énumération des noms en

---

cognitifs, affectifs et normatifs qui sont mobilisés dans l'expérience ordinaire. » (« La confusion des sentiments. Une enquête sur la série télévisée *Urgences* », article cité., p. 255).

1. Si l'on en croit S. Barthes, ce processus de raccourcissement des « seuils entre les émissions ou au sein d'une émission » doit être rattaché au « temps alloué à la publicité qui a augmenté, nécessitant de trouver des moyens d'économiser du temps d'antenne, et non à une visée stylistique propre. » (thèse cit.).

surimpression. Il s'agit d'éléments qui se rattachent au cadre fictionnel, voire audiovisuel au sens général : il est une règle que tout programme possède un générique. Or, ces deux éléments sont sémiologiquement hétérogènes, voire incohérents. Pourtant leur mélange à l'image provoque une dramatisation, c'est-à-dire un effet de réel dû à la réification d'un cadre provoquée par sa « lecture » depuis un autre cadre. Après le générique, qui est bien là pour définir l'épisode globalement comme fiction, dont l'absence poserait possiblement des problèmes moraux, au moins en France, on assiste à une situation où le monde interne de la fiction précède le véritable générique. Lors de ces deux moments, les éléments du générique sont « lus » depuis la fiction et non pas l'inverse. Les éléments paratextuels ne fonctionnent pas ici dans les marges ou les seuils de l'œuvre, ils ne sont pas non plus seulement redondants avec la fiction, ils cohabitent avec la fiction et cette coexistence réifie, « réalise » un des deux cadres. Voilà une série qui réussit à soumettre son cadre fictionnel (cadre qui la définit comme fiction) à son monde interne. Résumons cela en disant que tout se passe comme si le générique n'ouvrait pas un épisode, mais fonctionnait comme une mise en forme temporelle, un prélèvement dans un flux de vie. Ces deux moments amènent le spectateur à passer, cognitivement, du cadre fictionnel (l'épisode) au cadre conventionnel (le générique) depuis le cadre fictionnel. Ce passage même est producteur d'un effet de réel.

Les séries contemporaines ont prolongé ce jeu avec les conventions du générique comme l'écrit Barbara Villez à propos de la série *Lost* : « Contrairement aux conventions, aucune image ne présente les personnages ni ne donne d'indice sur le sujet ni le lieu de l'action ; le spectateur ne dispose d'aucun repère d'aucune sorte. Perdu, il ne voit qu'un écran noir dans lequel apparaît le mot *Lost* en lettres blanches, un peu floues au début, qui font un tour d'environ 245 degrés sur l'écran, de la droite vers la gauche, et grandissent jusqu'à disparition de l'écran pour céder la place à la première scène de l'épisode le tout en très peu de temps[1] ». Faire disparaître le générique tend à réduire les éléments qui disent ce qu'une production audiovisuelle est, à quel genre elle appartient ; c'est favoriser l'enquête et

1. B. Villez, « Comment vivre avec la catastrophe ? Une série télé : *Lost* », *Esprit*, n° mars-avril 2008, p. 114.

limiter le décodage conventionnel. Cette tendance à la dissimulation d'un paratexte qui dit haut et fort de quel genre est un programme se prolonge dans un renouveau de la grammaire visuelle des séries.

Plan-séquence et montage dans l'image

Plusieurs caractéristiques, associées l'une à l'autre, tenant à la prise de vue et à la réalisation sont susceptibles de provoquer des effets de réel dans *Urgences* : caméra *steadicam*, plan-séquence et « montage » dans l'image. L'usage de la *steadicam* procure certes une prise de vue fluide mais cette caméra stabilisée ne prend tout son sens ici que de son contraste avec le plan fixe. Le plan fixe impose au récepteur la chose à voir, le plan mobile autorise une sélection dans le champ visuel. Cette sélection dans le champ engage celui qui regarde dans une enquête.

L'utilisation fréquente du plan-séquence et l'intrusion systématique de personnages dans le champ de la caméra, c'est-à-dire, si l'on veut se situer du côté de la réception, dans l'écran, sont deux éléments centraux d'*Urgences*. Le plan-séquence ne se comprend, lui, que par rapport au montage. Si le plan-séquence opère un « montage » implicite ou anticipé, il n'est pas un montage de réalisation, un montage *cut*. En ce sens, non seulement il accentue la fluidité et la continuité de la séquence filmée, bref son inscription dans un temps réel, mais il échappe surtout au montage comme code cinématographique. Là aussi, toute sortie du code cinématographique connu est susceptible de brouiller ou d'inscrire le cadre perçu dans un registre réaliste. En effet, du point de vue télévisuel, un des éléments les plus perceptibles de toute fiction est bien le montage des séquences en tant que code narratif propre à la fiction visuelle. Enfin, le temps du plan-séquence est nécessairement celui de sa réception. En instaurant un temps objectif, le plan-séquence contribue à créer un indice de contextualisation[1]. Le plan-séquence fait correspondre le temps réel et le temps filmé, le cadre de réception et le cadre d'émission. L'univers diégétique de la fiction (son univers spatio-temporel) est pragmatiquement lié à l'univers extradiégétique de la réception (celui du temps et du lieu de visionnage[2]). Le plan-séquence tend à réduire le code elliptique.

1. J. Gumperz, *Engager la conversation*, Paris, Éditions de Minuit, 1989.
2. G. Genette, *Palimpsestes*, Paris, Seuil, coll. « Points Essais », 1982.

Urgences se caractérise par l'intrusion continue de personnages dans le champ qui constitue un élément événementiel dans la mesure où celle-ci suppose chez le récepteur de refaire en partie l'épreuve de la situation perçue. Refaire l'épreuve, c'est ici devoir donner ou redonner un sens à une information nouvelle advenant dans le contexte. De plus, le filmage procède en choisissant un personnage entré dans le champ que la caméra suit, puis quitte au profit d'un autre. Cette prise de vue constitue un montage dans l'image, alternatif à un montage de plans discontinus (montage dans l'image extrêmement rare dans les longs métrages). Ce déplacement sur le personnage qui vient de s'introduire rapproche la prise de vue de celle qui caractérise un reportage où le cadreur déplace sa caméra sur l'événement qui advient et qui, a priori, n'est pas prémédité et surgit par surprise. Là, la dimension d'incertitude est essentielle. Le montage dans l'image, évite le montage par plans discontinus, la page qui s'ouvre sur un nouveau chapitre, au profit d'une continuité du temps diégétique. La sortie (partielle, puisque le montage classique demeure dans *Urgences* comme dans toutes séries) du montage par plans discontinus introduit un changement dans la grammaire du montage propre à la réception audiovisuelle ordinaire, sinon de base du cinéma et des précédentes séries[1]. On le voit, les deux traits du générique et de la prise de vue typifient fortement cette série et, provoquant un questionnement à l'endroit de la grammaire cinématographique, ils entraînent un certain type d'enquête chez le spectateur[2].

---

1. A. Bazin décrit un tel processus d'enquête à propos de la profondeur de champ, par exemple dans le cinéma de Welles. « Il pourra suffire de remarquer grosso modo : 1° que la profondeur de champ place le spectateur dans un rapport avec l'image plus proche de celui qu'il entretient avec la réalité. Il est donc juste de dire, qu'indépendamment du contenu même de l'image, sa structure est plus réaliste ; 2° qu'elle implique par conséquent une attitude mentale plus active et même une contribution positive du spectateur à la mise en scène. Alors que dans le montage analytique il n'a qu'à suivre le guide, couler son attention dans celle du metteur en scène qui choisit pour lui ce qu'il faut voir, il est requis ici à un minimum de choix personnel. De son attention et de sa volonté dépend en partie le fait que l'image ait un sens. [...] Au contraire, la profondeur de champ réintroduit l'ambiguïté dans la structure de l'image, sinon comme une nécessité [...], du moins comme une possibilité. C'est pourquoi il n'est pas exagéré de dire que *Citizen Kane* ne se conçoit qu'en profondeur de champ. L'incertitude où l'on demeure de la clef spirituelle ou de l'interprétation est d'abord inscrite dans le dessin même de l'image. [...] Ceux de Rosselini et de de Sica sont moins spectaculaires, mais ils visent, eux aussi, à réduire à néant le montage et à faire passer dans l'écran la continuité vraie de la réalité » (dans « L'évolution du langage cinématographique », in *Qu'est-ce que le cinéma ?*, Paris, Éditions du Cerf, vol. I, 1976, p. 75-76.
2. La bande-son (sur la base du doublage en français) se caractérise notamment par le fait que les premiers sons ou mots d'une séquence sont entamés sur la fin de la précédente. Le principe sollicité, assez généralisé en soi, est l'attente qui s'ensuit au prix d'un décalage artificiel entre son et image. Cette attente est support d'un questionnement chez le récepteur.

Pour les responsables de programme, les producteurs et les scénaristes, la recherche de l'effet de réel organise en fait grand nombre des objectifs et des intentions de toute série qui se veut du réel, plus largement de toute série contemporaine qui se veut « moderne ». Quand Claude Chelli, producteur chez Capa Drama, déclare qu'une consigne de filmage de la série *Police District* [2000-2003] résidait dans l'impératif de ne pas faire précéder l'action par la caméra, il indique ni plus ni moins que la recherche est bien celle, non pas du réalisme, mais de l'effet de réel : le regardeur ne doit pas savoir à l'avance ce que le personnage va faire[1]. Il faut que la caméra suive l'action comme un œil suit un événement en cours dont il ne saurait pas le déroulement et le sens, non plus l'aboutissement. Comment mieux exprimer la prévalence de l'enquête plutôt que du décodage, qu'avec le truchement de cet « œil » qui enquête sur la nature de ce à quoi il a affaire ! Le processus d'enquête fait partie de tout rapport pragmatique non cadré au réel et en effet sa restitution dans la fiction se mesure à la posture que le point de vue de la caméra adopte face à l'action qu'elle filme.

Rapport homologique des séries au temps

Une des caractéristiques des séries télévisées actuelles est leur rapport au temps : leur temps de diffusion, quand ce n'est pas leur temps de production on le verra plus loin, tend à se rapprocher du temps réel, façon de désigner *a minima* le temps qui passe. Le temps réel du plan-séquence est un trait déjà noté. Deux autres dimensions caractérisent le rapport du temps de la diégèse des séries au temps de l'agenda social. D'une part, leur durée épisodique et saisonnière rapproche leur visionnage du temps long et répété de la vie quotidienne bien plus que ne le procure le visionnage d'un long-métrage. D'autre part, les séries rejoignent parfois le temps social ou conjoncturel d'une société quand elles suivent le calendrier de la vie sociale de cette société. Du point de vue des récepteurs nationaux qui suivent en première diffusion les séries, leur organisation en saisons, qui renvoient aux saisons du calendrier, leurs épisodes de Noël ou de Thanksgiving aux dates de Noël et du Thanksgiving, est un élément de cette homologie des temps fictionnels et des temps sociaux ; cette insertion du calendrier

1. Entretien avec C. Chelli, émission « Séries télé : le monde en 25 épisodes », producteurs B. Lagane et É. Vérat, France Culture, août 2009.

social dans la fiction est en soi une adresse aux récepteurs, notamment nationaux, de la série, un « concernement », qui attache pragmatiquement la fiction aux agendas d'une société donnée. C'est le cas courant de la série française *Plus belle la vie* par exemple, dont le calendrier diégétique suit le calendrier social des fêtes et événements de la société française[1]. Comme le dit Barbara Villez, reprenant une formule de Paul Virilio, « le spectateur a la perspective du temps réel, ou tout du moins d'un temps qui se rapproche du réel[2] ». C'est le temps diégétique permis aux séries de plusieurs saisons de 12 ou 24 épisodes qui tend à éliminer les ellipses et les *flashbacks*, notent Aurélie Aubert et Émilie Roche, en parlant de la série *24 Heures Chrono*[3].

> *Non ça fait pas que je regarde mais disons que ça rajoute un peu de crédibilité à une série qui n'en a pas non plus une tonne. Mais c'est vrai que oui c'est bien pendant les élections de voir qu'ils en parlent et qu'il y en a un qui est pour Sarkozy, l'autre pour Ségolène Royal. Voilà, ça c'est bien, ça marque les gens, c'est le témoin d'une époque. C'est bien qu'ils fassent vraiment au jour le jour. Le jour de la fête de la musique c'est le jour de la fête de la musique à la télévision, pareil pour Noël. Enfin voilà, c'est vraiment, ils suivent l'année et ça je trouve ça bien. Quand il y a une campagne contre le cancer dans la vraie vie, elle est faite aussi dans la série.*
>
> (Gwenaëlle, 27 ans, intermittente du spectacle[4])

1. Si l'on en croit M. Mille, les effets de réel de *Plus belle la vie* tiennent à la validité référentielle des dialogues tenus dans la série, par exemple sur les procédures du système judiciaire français, scrupuleusement respectées. Par définition, le souci référentiel d'une fiction est une façon de toucher au réel. M. Mille, « Rendre l'incroyable quotidien. Fabrication de la vraisemblance dans *Plus belle la vie* », *Réseaux*, n° 165, 2011, p. 53-81. Voir aussi « Un feuilleton hexagonal qui plaît : L. Corroy, *Plus belle la vie* », in *Les Jeunes et les Médias. Les raisons du succès*, Paris, Vuibert/CLEMI/INA, 2008, p. 83-103.
2. B. Villez, « Comment vivre avec la catastrophe ? Une série télé : *Lost* », article cité.
3. A. Aubert et É. Roche, « 24 Heures Chrono, les raisons du succès chez les jeunes », *in* L. Corroy (dir.), *Les Jeunes et les Médias. Les raisons du succès*, *op. cit.*, p. 109.
4. C. Gauthier, *Les Amateurs de* Plus belle la vie, mémoire de Master I Information et Communication, Université Paris III, 2010. De façon plus forte encore sans doute, l'effet de réel dans *Plus belle la vie* tient à la « publicisation » et à la « politisation » qui la caractérisent. En effet, la politisation, même pondérée (où les opinions politiques opposées sont explicitement incarnées par des personnages), est un trait rare – parce que publiquement et politiquement risqué pour le diffuseur – et producteur d'effets de réel puissants dans la fiction. Mettre en scène une opinion politique conjoncturelle dans une fiction grand public sur une chaîne publique généraliste suscite une surprise et une interrogation à l'intérieur d'un objet culturel dont les attendus sont qu'il soit neutre et fictionnel.

La consommation quotidienne et domestique des séries est ici un puissant facteur de leur attachement au temps réel, à la manière des personnages de la série *Friends* qui vieillissent de façon parallèle dans la fiction et dans la vie réelle. « *La différence avec le cinéma,* dit Aurélien, 25 ans, *c'est que dans les séries, il y a un épisode par semaine, certaines séries durent cinq ou dix ans et, malgré tout, les personnages, on les voit évoluer, on les voit vivre. Forcément, on se prend d'affection pour eux parce que ce sont des gens avec qui l'on a des contacts réguliers même si ce sont des contacts complètement virtuels et que c'est dans un seul sens.* »

La réalisation même des séries sur le long cours inscrit l'effet de réel du téléspectateur au cœur de la diégèse dès l'instant que celle-ci, tout en étant motivée, est ouverte. Ainsi, les premières saisons de *24 Heures Chrono* ont été mises en œuvre sans que le producteur et les scénaristes n'aient déjà décidé au-delà de quelques épisodes qu'elle en serait la structure (la cohérence) argumentative complète, par exemple, lequel, parmi les personnages principaux, serait le traître[1]. Qu'est-ce qu'un « traître de fiction » dont l'auteur (le scénariste) ne sait pas qu'il est un traître ? L'effet de réel de la série télévisée s'inscrit ici dans l'absence de téléologie connue à l'épisode visionné. Si aucune fin ne sous-tend un épisode X, aucun indice de son anticipation ne peut être donc perçu par le téléspectateur puisqu'il n'y en a pas. L'absence de téléologie est ce qui rapproche les personnages des personnes, la fiction de la vie. À la différence du téléspectateur qui sait que Hitchcock connaît le coupable, le téléspectateur de série sait que le producteur ne sait pas, ce qui laisse la fiction sans finalité déjà pensée.

Le temps des séries se caractérise donc par une homologie du temps narratif avec le temps social, à la fois réel et ouvert, temps qui passe et temps indéterminé.

C'est là le paradoxe d'un « texte » crédible bien que peu réaliste aux yeux de ses spectateurs. Il est crédible par ses effets de réel.

1. C. Scasso, « Entretien avec Howard Gordon, Producteur exécutif de *24 Heures Chrono* », *La Gazette des scénaristes*, n° 20, 2004, p. 74-76.

Le contact des séries au réel

Aux côtés des dimensions de *jeu* avec les codes du montage et d'*attachement* social des séries à leur temps de consommation, une troisième déclinaison de l'effet de réel se note dans le *contact* qu'elles mettent en place de façon plus ou moins poussée et variée avec le réel. Carl, notre amateur du début, témoignait de cette dimension d'inclusion des séries américaines dans le réel à travers une montée des marches à Cannes dans la série *Entourage*. Les effets de réel de type pragmatique, qui sont les plus difficiles à obtenir en télévision, peuvent être favorisés par les situations de production en direct[1].

L'effet de réel caractéristique des séries contemporaines s'incarne particulièrement bien dans le premier épisode de la saison 4 d'*Urgences*. Réalisé en direct, cet épisode *inscrit* au sens fort et pragmatique la série dans le réel. Il faut considérer cet épisode en direct d'*Urgences* comme l'expression même de ce vers quoi tend la série, quelque chose comme sa vérité. Il s'agit bien d'un effet de réel de type pragmatique parce qu'il consiste en un jeu sur les conventions de production. Une fiction dont le récepteur sait qu'elle est réalisée et diffusée en direct est rabattue sur la catégorie de la retransmission ou du reportage en direct et interprétée avec ses conventions. C'est à partir des codes du reportage que la fiction est « lue » : les individus ne sont pas des personnages fictionnels, ce sont des acteurs jouant en direct, c'est-à-dire des personnes, soumises à l'indétermination et à la contingence du réel ; il peut y avoir des imprévues. *Urgences* regorge de ces jeux sur le cadre pertinent d'interprétation : la prise de vue depuis la caméra de télévision elle-même élément de la fiction, le caméscope de l'amateur déambulant dans les couloirs. Dans l'une des deux réalisation-diffusions d'*Urgences* en direct, côte Est puis côte Ouest des États-Unis, le docteur Ross regarde un match de base-ball diffusé aussi en direct sur une des chaînes concurrentes[2].

---

1. La plénitude d'un effet de réel pragmatique tient à l'immersion du spectateur ou de l'auditeur dans un contexte semblable à celui qui est décrit et perçu dans le média. Par exemple, au même moment, dans le même lieu, les mêmes événements pragmatiquement vérifiables ont lieu : une explosion à la télévision et une explosion entendue à travers la fenêtre.
2. S. Barthes, thèse citée.

Le quadrilatère de la post-télévision proposé plus haut (schéma 2) permet de rendre compte de ce que le récepteur ne peut recevoir un tel épisode totalement dans le genre fictif, non plus le situer sur la ligne qui va du genre authentifiant au genre fictif; il le reçoit dans un cadre d'expérience qui incarne une fiction et ses personnages comme des acteurs filmés ici et maintenant ou, dans le cas d'un visionnage *ex post*, comme des acteurs ayant été affectés par une dépendance à la situation d'enregistrement.

Le *cross-over*, qui désigne l'apparition de personnages d'une fiction audiovisuelle dans une autre, est un point de contact des séries au réel, ici le réel que constitue une autre fiction (qui en devient ainsi plus réelle). C'est le cas de l'apparition des avocats de la série *The Practice* dans l'épisode « Branle-bas de combat » de la série *Ally McBeal*. Les *cross-over* ont été nombreux entre la série *Buffy contre les vampires* et la série *Angel*. Ils sont fréquents dans les séries américaines à partir des années 1990. Face à ces passages entre mondes fictionnels, peut-on se suffire de déclarer que les téléspectateurs sont et se savent dans tous les cas en « régime de fiction » ? Peut-on de même se contenter de mentionner la sollicitation d'une connivence ou à une compétence du spectateur, notamment américain ? Nous pensons que non. Il faut faire appel à un critère, appelons-le pragmatique, pour désigner le travail d'enquête que le téléspectateur opère : que provoque un *cross-over* de deux univers fictionnels initialement distincts par exemple ? Il entraîne là encore un travail de recherche des appuis qui tend à rendre réel un des univers de départ.

Un troisième point de contact, et non des moindres, des séries au réel réside dans leur insertion d'éléments conjoncturels ou contextuels frais et prégnants dans leur narration. Une telle réactivité ne semble pas possible dans le cas d'un long-métrage dont la réalisation s'étale sur un calendrier annuel ou davantage. On peut mentionner ici les premières saisons de la série *24 Heures Chrono* et sa mise en scène du terrorisme, *The West Wing* et sa référence quasi-simultanée aux attentats du 11 septembre 2001, *Prison Break* et sa mise en scène de la chaise électrique. Dans un premier temps, ces insertions s'apparentent à une transgression, celle de la distance qui jusqu'à peu gouvernait l'écart temporel et moral entre la fiction audiovisuelle et les faits du monde. *24 Heures Chrono* représente sans doute ici un exemple synthétique dans sa mise en scène de l'impensable : équipe présidentielle vue de l'intérieur, président noir puis présidente, torture, attentat, explosion nucléaire et mort des personnages (la femme de Jack Bauer est par exemple assassinée dès la première saison). À ce titre, il semble bien que les séries contemporaines aient introduit de façon nette la mort des personnages dans leur narration, transgressant ainsi la règle centrale de l'héroïsme de (toujours) sauver les personnages principaux. L'impensable tient à la mise en scène de mondes et de situations existants ou possibles mais inaccessibles. Les transgressions narratives tout autant que les transgressions morales ne rapprochent pas pour autant du modèle réaliste de la « néo-télévision » parce qu'elle déborde le simple réel connu du récepteur.

La néo-télévision, telle qu'Umberto Eco l'a décrite pour les années 1980 comme une télévision qui parle d'elle-même, s'opposait à la « paléo-télévision » qui parlait, elle, des faits extérieurs. Dans ce nouveau rapport de la télévision aux téléspectateurs et au monde la distinction de la fiction et de l'information est secondaire puisque c'est la question de l'authenticité de l'énonciation et non celle de l'énoncé qui est centrale. « L'effet de vérité » y remplace « l'illusion de réalité » (propre à l'ancienne fiction). « On s'achemine donc vers une situation télévisuelle dans laquelle le rapport entre l'énoncé et les faits perd de plus en plus d'importance à l'avantage du rapport entre la vérité de l'acte d'énonciation et l'expérience de réception du message de la part du spectateur[1] ». Le trouble que provoquent les séries, mais aussi la télé-réalité et le documentaire contemporain[2], recouvre un régime où « l'effet de réel » tend à remplacer « l'effet de vérité », c'est-à-dire où les productions télévisuelles doivent être pensées dans le cadre d'une « post-télévision ». On recourt au terme de « post-télévision », non par passion des ruptures et ou par inclination pour les « post-institutions », mais parce que la télévision se caractérise par un jeu sur les frontières de ses genres et des cadres d'interprétation, non plus par un jeu auto-référencé mais par un jeu référentiel qui déborde la visée réaliste ou mimétique. La post-télévision se caractérise par ceci qu'elle rend perméable ses frontières avec le « réel » dont elle est dorénavant, de surcroît, une partie.

1. U. Eco, « TV : La transparence perdue », *op. cit.*, p. 206.
2. I. Veyrat-Masson, *op. cit.*

Modèle de l'enquête *versus* modèle de décodage

Il faut alors redonner au « genre » le statut de « généricité » que lui attribue Jean-Marie Schaeffer quand il distingue, dans le champ de la littérature, le « genre » et la « généricité ». Le « genre » relève du performatif tandis quc la « généricité » est le rapport d'un texte à son genre (qu'il conforte, subvertit, etc.). « La problématique du genre peut donc être abordée sous deux angles différents, complémentaires sans doute, mais néanmoins distincts : le genre en tant que catégorie de classification rétrospective, et la généricité en tant que fonction textuelle. Le statut épistémologique de ces deux catégories n'est pas identique. [...] Le genre appartient au champ des catégories de lecture, il structure un certain type de lecture, alors que la généricité est un facteur productif de la constitution de la textualité[1] ».

Aussi, quand François Niney décrit, non plus des « promesses de genre », mais des « horizons d'attente », en énonçant que celui du documentaire relève de la connaissance et celui de la fiction de la crédibilité, nous faisant passer d'une télévision des genres à une télévision des cadres (de l'expérience), il opère une caractérisation des productions audiovisuelles qui semble plus convaincante que la « promesse des genres » pour décrire le statut et le fonctionnement des œuvres audiovisuelles dans le monde contemporain. Il rend compte du trouble dans la fiction qui s'est opéré dans le champ audiovisuel. Les séries télévisées américaines de la post-télévision réalisent alors ce que la néo-télévision, bien que parlant d'elle-même, ne faisait pas encore, tourner sur la bande de Möbius, écrivait Florence Dupont[2].

La notion de cadre d'interprétation proposée par Erving Goffman, de par sa dimension interprétative et sociologique, plutôt que seulement sémiologique (qui réduirait la lecture au code et au genre), semble utile à

1. J.-M. Schaeffer, « Du texte au genre. Notes sur la problématique générique », *in* G. Genette (dir.), *Théorie des genres*, Paris, Seuil, coll. « Points Essais », 1986, p. 198-99.

2. « Pour que *Dallas* échappât à la littérature narrative, il aurait fallu qu'il se prît en charge comme feuilleton télévisé, ce qui n'a pas lieu. Car s'il y a des aèdes dans *l'Odyssée,* on ne voit pas dans *Dallas* les personnages regarder un feuilleton à la télévision. Sue Ellen ne suit pas sur le petit écran les exploits de JR, comme Pénélope entend Phémios dire ceux d'Ulysse. Dans *Dallas* il n'y a pas non plus de cinéma, de théâtre ou d'images. Le feuilleton joue sur l'illusion de réalité et ne se retourne jamais comme un ruban de Möbius, afin de faire voir au téléspectateur que, dans *Dallas,* réalité et image sont une seule et même chose. Pour le téléspectateur, le feuilleton est une réalité, l'enregistrement parfait d'une réalité qui coïnciderait avec l'image qu'il voit d'elle. C'est pourquoi JR acteur n'est que le JR de l'image », F. Dupont, *Homère et Dallas*, Paris, Hachette, 1990, p. 148.

rapprocher de l'effet de réel parce qu'elle met en jeu un champ symbolique de nature socio-historique qui excède la convention du genre. Un cadre de l'expérience se définit pour Goffman comme ce qui donne sens aux événements qui se déroulent dans une situation[1]. Le niveau d'analyse adopté par Goffman n'est ni culturaliste, non plus celui de l'action située, mais de type herméneutique. S'agit-il pour autant d'un simple déchiffrement ? Pour appliquer l'analyse des cadres de Goffman à l'expérience télévisuelle, il faut dépasser le fonctionnalisme de son modèle. Dans deux directions : celle de l'action située et celle de l'expérience cognitive dans toute son épaisseur. Introduire la dimension d'action située permet de prendre en compte les dimensions d'événement, de prise pragmatique sur le téléspectateur chaque fois que la question de savoir ce à quoi il a affaire sous les yeux se pose à lui (« est-ce ceci ou cela ? » comme on dit « est-ce du lard ou du cochon ? »). Introduire la dimension d'expérience cognitive rapproche de la saisie d'une expérience du monde chaque fois que cette question concerne des enjeux moraux, scientifiques, politiques, etc. Une bombe atomique peut-elle vraiment exploser sur le sol américain dans l'épisode 15 de la saison 2 de *24 Heures Chrono* ? Un président des États-Unis noir semble inconcevable en 2000[2]. Jack Bauer tue véritablement son collègue Curtis Manning dans la saison 6 ! Ce sont là autant de transgressions et d'interrogations sur les attendus d'une réception située dans les années 1990 et 2000 pour laquelle assassinats, bombes, morts des héros, mise en scène du pouvoir, mise en scène du réel conjoncturel, mise en scène de l'intime et du privé ne sont pas inscrits dans les promesses d'un genre dit fictionnel. Interrogations et exclamations sont bien les deux ponctuations qui accompagnent la réception des séries télévisées américaines à partir des années 1990. La référence à une évolution naturelle du genre en relation avec les évolutions des sociétés démocratiques et des codes scénaristiques doit être ici mise en regard de ceci qu'un contexte culturel semblable, en l'occurrence celui de la France, n'a pas produit les mêmes innovations ; les amateurs le reprochent régulièrement aux créateurs et aux diffuseurs français.

1. E. Goffman, *op. cit.*
2. M. Boutet, « Le président des États-Unis, héros de série télévisée. La figure présidentielle dans les séries américaines récentes », *Le Temps des médias*, vol. 1, n° 10, 2008, p. 156-169.

Certains auteurs défendent l'idée d'une « vérité fictionnelle » en s'autorisant de l'effet de vérité que des fictions provoquent chez leurs destinataires[1]. Appliquée à la fiction, la notion de vérité appuyée sur un critère de réception est un peu paradoxale; cela revient à attacher la vérité à l'interprétation d'un destinataire alors qu'elle devrait l'être à la construction proposée par un auteur. On peut bien sûr utiliser le terme de vérité pour désigner la vérité pour soi mais c'est trahir son usage dans le cadre de la science comme vérité assertée[2]. Il ne peut y avoir de vérité fictionnelle puisque la fiction n'a pas pour fondement la vérité référentielle. La vérité fictionnelle comme explication du lien de félicité entre une représentation fictionnelle et un récepteur, la référence étant entendue alors comme l'existence des récepteurs, va contre la démonstration de Jean-Marie Schaeffer qui montre que la fiction artistique n'est pas une représentation référentielle, non pas en soi, mais parce qu'elle n'est pas – par convention – traitée ainsi[3]. Si elle l'était, il y aurait de forts débats entre artistes et scientifiques! Les notions de « pertinence » et de « crédibilité » proposées par François Niney nous semblent plus aptes à désigner une adéquation entre un destinataire et une fiction[4].

Nous avons vu de même que l'argument générique que développe François Jost semble insuffisant pour penser le statut d'œuvres fictionnelles de la post-télévision[5]. À la fois dans le normatif (dire ce qu'une émission audiovisuelle est, un genre fictionnel, ludique ou authentifiant) et dans la réception (les gens peuvent qualifier de façon tout à fait opposée une même émission), cette théorisation semble manquer d'une direction d'ajustement (soit de la fiction vers ses récepteurs, soit des récepteurs vers la fiction[6]).

1. J.-P. Esquenazi, *La Vérité de la fiction. Comment peut-on croire que les récits de fiction nous parlent sérieusement de la réalité?*, *op. cit.*
2. P. Engel, *La vérité. Réflexions sur quelques truismes*, Paris, Hatier, 1998.
3. « En effet, la fiction artistique ne s'oppose pas au vrai mais au vrai et au faux, c'est-à-dire qu'elle échappe à la pertinence de la véridiction comme telle ». J.-M. Schaeffer, « Quelles vérités pour quelles fictions? », *L'Homme*, n° 175-176, 2005, p. 31.
4. F. Niney, *Le Documentaire et ses faux-semblants*, p. 64.
5. F. Jost, *La Télévision au quotidien*, *op. cit.*
6. Du coup, on comprend la posture paradoxalement critique – mais normativement adéquate à une théorie de genres – de F. Jost à l'endroit de la télé-réalité (en l'occurrence *Loft Story*) qu'il qualifie d'émission ne tenant pas ses promesses d'être un genre réel. F. Jost, *Introduction à l'analyse de la télévision*, Paris, Ellipses, 2004, p. 154. Dire que la télé-réalité n'a rien d'un rapport à la réalité, alors que les gens de télévision prétendent stratégiquement le contraire en attestant d'une réalité de ces émissions, et bien que s'y trouve parmi les publics des téléspectateurs « crédules » (*sic*), revient à qualifier la télé-réalité à partir du critère normatif du genre contre le constat que s'il y a un public crédule c'est donc que le genre et ses promesses ne sont d'aucun secours puisque le public

Pour faire l'analyse des médias, en l'occurrence de la télévision, et de leurs émissions, ne convient-il pas d'adopter l'une ou l'autre position pour une cohérence ? Nous avons noté plus haut que la télévision contemporaine – dont la « télé-réalité » est aussi une manifestation – se comprenait mieux avec les cadres d'interprétation, de même que l'art contemporain a provoqué sa sortie et sollicite sa saisie par une sociologie des cadres[1], mieux avec les « horizons d'attente » (plus seulement normatifs mais interprétatifs) qu'avec les « promesses de genre ».

---

est « crédule » tout en ne devant pas l'être ! Ne conviendrait-il pas de partir de cette crédulité pour reformuler l'objet au lieu de le mesurer à une norme dont on constate qu'elle ne tient pas - norme un peu paradoxale ? C'est pourquoi le modèle jostien des genres est un modèle d'analyse de contenu plutôt que de réception des productions audiovisuelles.

1. N. Heinich : *Ce que l'art fait à la sociologie*, Paris, Éditions de Minuit, 1998 ; *Le Triple jeu de l'art contemporain*, Paris, Éditions de Minuit, 1998.

III. Au-delà de l'identification : le sens des personnages et des univers

Les effets de réel tenant au rapport que les séries contemporaines tissent avec le monde trouvent un argument supplémentaire dans les *personnages* qu'elles mettent en scène, dont le temps de vie fictionnelle est plus proche du temps réel que ne l'est celui du *héros* de long-métrage. En effet, l'identité des personnages et le réalisme des *épreuves de vie* constituent un point de projection tout autant que de questionnement pour des jeunes adultes, qui représentent le noyau dur des amateurs. Le *perso*, ce signifiant utilisé par certains d'entre eux, n'est pas sans signaler alors le « personnel » derrière le « personnage » qu'il désigne.

Du héros aux personnages, du rôle à l'identité fictionnelle

De la série *Lost*, Aurélien dit que « *malgré tout, ce qui fait tenir, pour moi, c'est vraiment les personnages, parce que le mystère avance assez lentement.* » Les personnages l'intéressent parce « *qu'on va savoir ce qui se passe dans leur vie* ». Les amateurs de séries caractérisent les acteurs de séries de façon nouvelle par rapport à la figure de la « star ». À leurs yeux, valoriser la star dans l'appréciation des séries viendrait gâcher un plaisir centré sur la figure du personnage. « *Les gens qui veulent voir des stars,* dit Quentin, *il ne faut pas qu'ils regardent des séries, même si les acteurs de séries commencent à devenir des stars.* » Aussi la réception des séries laisse-t-elle apparaître un écart significatif avec la conception cinématographique de l'incarnation fictionnelle d'un être, avec « l'instrument de base » qu'est la star, notamment dans le cinéma américain.

De ce qu'il nomme le « contrat cinématographique », le sociologue Emmanuel Ethis, extrait la figure de la star. « Instrument de base » institué du cinéma américain depuis 1910, la star occupe un rôle central dans bien d'autres cinématographiques nationales, en France, en Allemagne, en Grande-Bretagne ou en Inde. Telle que la décrit Edgar Morin, la star intéresse particulièrement la sociologie du cinéma car elle touche à plusieurs aspects sociaux constitutifs de l'objet cinématographique : « 1. Aux caractères filmiques de la présence humaine sur l'écran et du problème de l'acteur. 2. À la relation spectateur-spectacle, c'est-à-dire aux processus psychoaffectifs de projection-identification, particulièrement vifs dans les salles obscures. 3. À l'économie capitaliste et au système de production cinématographique. 4. À l'évolution socio-historique de la civilisation bourgeoise[1]. »

Les amateurs aiment relever que nombre d'acteurs des séries américaines n'étaient pas des vedettes de cinéma avant d'être des acteurs de fiction télévisée. Ils signalent ainsi ce point décisif d'une rencontre avec la *première* identité fictionnelle d'un acteur. Autrement dit, les acteurs de séries sont vierges et de toutes leurs identités fictionnelles passées et de leur être social qui n'est pas *connu*, c'est-à-dire pas riche[2]. Une incertitude demeure donc sur le lien de leur identité fictionnelle à leur être social. Il suffirait, à l'instar de certains artistes de musique électronique peu visibles médiatiquement, qu'ils n'apparaissent pas dans un autre monde que celui de la fiction pour que leur identité soit principalement de nature fictionnelle. Une partie d'entre eux ne jouent pas très bien, jugent les amateurs, c'est-à-dire ne soutiennent pas très bien leur personnage[3]. Il apparaît

1. E. Ethis, *Sociologie du cinéma et de ses publics*, Paris, Armand Colin, 2009 (1re éd. 2005), p. 83 ; E. Morin, *Les Stars*, Paris, Seuil, 1972 (1re éd. 1957), p. 10.
2. S. Sepulchre, « Le personnage en série », in *Décoder les séries télévisées*, *op. cit.*, p. 120.
3. L'identification de certains acteurs à leur rôle dans une série et réciproquement, Sarah Michelle Gellar à Buffy dans la série éponyme par exemple, permet de rendre compte de la difficulté de certains acteurs à incarner ensuite un autre personnage ou leur quasi-trahison aux yeux de certains fans. Les passages d'une série à l'autre sont présentés par les fans comme le passage d'un acteur de *24 Heures Chrono* à *Desperate Housewives* à la différence du long-métrage où l'on ne dit pas de l'acteur Romain Duris qu'il passe du film *L'Arnacœur* à *L'Homme qui voulait vivre sa vie*. Tout se

qu'en comparaison le cinéma souffre de ses catégories d'acteur et de star. « Souffre » au regard de ce qu'une identité fictionnelle est susceptible de provoquer si elle n'est pas parasitée par un autre registre de perception : un questionnement relatif à un comportement humain qui apparaît ouvert aux yeux des récepteurs. Cette identité fictionnelle du personnage de série est en effet caractérisée par son écart au rôle.

Au-delà de l'identification : la compagnie

Dans *Le cinéma ou l'homme imaginaire*, Edgar Morin insiste sur les deux processus de participation que sont l'identification et la projection, à l'intérieur d'un paradigme qui insiste sur « l'impression de réalité » et la « réalité de l'impression[1] ». Le rapport des amateurs aux personnages des séries américaines ne semble pas devoir se décrire comme relevant de l'identification, mais davantage de la compagnie. « *Je ne m'identifie pas à une seule personne, parce que j'ai ma personnalité et je ne suis la copie conforme de personne* », écrit Laëtitia, 16 ans, lycéenne, amatrice de *Buffy*[2]. Ou plutôt, l'identification aux héros de série est souvent mesurée, contrôlée. « *Sachant que j'accroche à* Lost, dit Romain, 23 ans, *je pense pas qu'il faille s'identifier à un personnage parce que bon, on les apprécie tous. On les apprécie tous et puis peut-être parce que chaque personnage a des qualités différentes et le tout forme un personnage qu'on aimerait bien être peut être, je sais pas. Mais non, je ne pense pas qu'il faille s'identifier.* »

Les personnages sont centraux, plus que l'action. Leur valeur contribue de nouveau à éloigner la question du réalisme ; il ne s'agit pas de savoir si Jack Bauer, le héros de *24 Heures Chrono*, est un caractère réaliste, mais plutôt quel est son caractère. Les amateurs signalent ainsi un déplacement de l'intérêt vers le personnage au détriment de l'acteur. Ils ne s'arrêtent pas tant (comme au temps des stars des années 1960 ?[3]) sur l'acteur derrière

---

passe comme si la série avait inversé le rapport acteur/œuvre au profit du second terme alors que le cinéma tend à valoriser le premier, malgré la « politique des auteurs ».

1. E. Morin, *Le Cinéma ou l'Homme imaginaire. Essai d'anthropologie*, Paris, Éditions de Minuit, 1956.
2. Nous reprenons ici une citation tirée de l'article écrit avec M. Pinet à partir d'une exploitation de l'auto-questionnaire adressé à ses membres par un site d'amateurs de séries télévisées (H. Glevarec et M. Pinet, « "Cent fois mieux qu'un film." Le goût des jeunes adultes pour les nouvelles séries télévisées américaines », article cité.).
3. Il est significatif que la catégorie de personnage soit absente de l'ouvrage *Le Cinéma ou l'Homme imaginaire*, de même que l'identification des spectateurs que décrit E. Morin porte sur des « indi-

son rôle, mais sur le personnage. C'est pourquoi, ce que soutiennent les amateurs, c'est l'identité fictionnelle des personnages. Pierre aime suivre les acteurs qu'il a aimés, voir ce qu'ils deviennent. Il ne veut pas confondre l'acteur et le personnage « *mais étant donné ça m'a tant passionné pendant de si nombreuses années, vous vous doutez bien que ça m'intéresse de voir ce qu'ils deviennent.* » Pierre manifeste ce statut entre-deux de l'acteur de série, incarnation d'une identité fictionnelle plutôt que d'un rôle.

« *Ce qui fait la qualité d'une série, c'est de soigner les rôles secondaires* », affirme Pierre. Qu'est-ce que cela veut dire ? La série télévisée contemporaine se caractérise par la démocratisation de ses personnages, leur équivalence, la multiplication des héros et l'effacement de la focalisation exclusive sur un seul d'entre eux. L'épaisseur d'une série se mesure alors au traitement égalitaire et homogène qu'elle fait de ses personnages parce qu'elle tend à effacer les hiérarchies entre eux. C'est une première alternative au mode de fonctionnement traditionnel du cinéma qui, par son mode dominant – le « star-system » – et ses contraintes temporelles – la faible durée disponible pour le déploiement des rôles dits « secondaires » –, construit tendanciellement son langage sur le héros unique.

Comme beaucoup de vingtenaires des années 2000 Aurélien fait partie des anciens amateurs de la série *Friends*[1].

> *Je pense que c'est plutôt au niveau des personnages, une palette de personnages qui représentaient beaucoup de groupes, normaux en fait. Parce que dans* Friends, *on a tout. On a l'intello, l'un plus idiot, on a le marrant, on a la maniaque, la fille à papa, un peu la folle. L'engouement qu'il y a eu, c'est parce que vraiment il y avait toute cette palette de personnages qui rappelaient à tout le monde leur groupe d'amis. Parce que je pense que dans tous les groupes d'amis, on a comme ça des stéréotypes, oui des stéréotypes de personnes, de personnalités.* [...] *Justement,* Friends, *je pense que la série porte bien son nom. C'est un groupe*

---

vidus privilégiés », à savoir justement des « stars » (*sic*), (*op. cit.*, p. 120).

1. J.-P. Esquenazi, « *Friends*. Une communauté télévisuelle », *in* P. Le Guern (dir.), *Les cultes médiatiques. Culture fan et Œuvres cultes*, Rennes, PUR, 2002, p. 233-261.

d'amis mais malgré tout, ce sont des gens que l'on verrait bien être nos amis aussi parce qu'ils ont leurs qualités et leurs défauts. [...] *On a de la peine pour les personnages, on est content pour eux, comme des amis finalement.*

(Aurélien, 25 ans, étudiant à l'IUFM, *Véronica Mars, Battlestar Galactica*)

Les passionnés de séries rencontrés caractérisent leur réception en terme de vie partagée avec les personnages. « *On est dans la vie des gens*, dit Georges. *Ils vont manger au restaurant et ils ont des rapports sexuels.* » Une banalité des situations et une fréquentation au long cours des univers sériels semblent rapprocher les personnages de la vie de leurs spectateurs. On comprend qu'un aspect de la réception des séries contemporaines réside dans ce rapport de connaissance et de compagnonnage plutôt que de déchiffrage avec des personnages qui doivent être conséquents dans leurs actions et leur évolution.

Les séries, ce qui est bien c'est que ça te garde en haleine, tu apprends à découvrir et à connaître les personnages, limite t'inclure dans leur vie. - ***T'inclure dans leur vie?*** - *T'impliquer dans le sens où tu te dis : « Tiens, voilà, là il est dans telle situation, le connaissant, il va réagir comme ça. »*

(Patrick, 22 ans, responsable commercial d'un site Internet, *Lost, Prison Break*)

L'identité fictionnelle

On pourrait rapprocher les raisons de l'investissement d'Aurélien pour *Friends* – un groupe d'amis semblable à celui qui pouvait l'entourer à cette période de sa vie – du modèle de la paraphrase proposée par Jean-Pierre Esquenazi[1]. Ce modèle n'est-il pas cependant trop général puisqu'une « vérité fictionnelle » (si, *a fortiori*, l'on s'accorde sur l'usage en fiction d'un terme du champ scientifique[2]) existe toujours *a minima* dans un

1. « Une "vérité fictionnelle" est une proposition suscitée par un récit fictionnel qui constitue pour le destinataire de ce récit une paraphrase de sa propre existence, au moins en partie. » J.-P. Esquenazi, *La Vérité de la fiction. Comment peut-on croire que les récits de fiction nous parlent sérieusement de la réalité?, op. cit.*, p. 18.
2. Les philosophes analytiques contesteraient certainement cet usage. P. Engel, *op. cit.*; P. Engel et R. Rorty, *À quoi bon la vérité?*, Paris, Grasset/Fasquelle, 2005; J.-M. Schaeffer, « Quelles vérités pour quelles fictions? », article cité. « La fiction artistique – celle à propos de laquelle je défends l'hypothèse que la question de la vérité n'est pas pertinente », écrit J.-M. Schaeffer (« Quelles vérités

engagement fictionnel et que, sans spécification des traits existentiels du spectateur couvert par la paraphrase, ce modèle est susceptible de fonctionner quand bien même c'est l'écart existentiel qui caractérise la situation du personnage et celle du spectateur (pensons au personnage de tueur de *Dexter* de la série éponyme). Le modèle de la paraphrase est la reconduction du modèle mimétique, non plus comme imitation du réel, mais paraphrase de l'existence du spectateur. La paraphrase n'est-elle pas une théorie de l'homologie élargie à l'existence humaine dans toute sa densité ? Il y a davantage de raisons d'aimer *Les Soprano* quand on a 50 ans que 15, moins de raisons d'aimer *Friends* quand on en avait 40 que 20 dans les années 1990, etc.[1] Sa vertu résiderait cependant dans le tournant ethnographique de la sociologie de la réception qu'elle accompagne et qui vise à échapper au réductionnisme de la sociologie de la culture qui construit la réception à partir des positions sociales davantage qu'à partir des conditions sociales d'existence saisies dans leur pluralité (être un travailleur, être marié/célibataire, être blanc/noir, être hétérosexuel/homosexuel, heureux/malheureux, valide/handicapé, bien portant/malade, etc.). Sabine Chalvon-Demersay, à partir de la réception de la série *Urgences* dans les années 1990 développe ainsi un modèle où le partage entre les téléspectateurs et les personnages de la série s'appuie sur les différentes conditions qu'ils occupent (médecin, femme, célibataire, malheureux...) soit les différents collectifs auxquels ils appartiennent[2].

Le modèle paraphrastique emprunte trop au modèle mimétique ; il ne saisit pas que la « formule » qui attache une série et son public privilégié réside justement dans l'élément d'hétérogénéité, d'étrangeté, d'écart qui le caractérise, élément qui surprend, intrigue, questionne, intéresse. En ce sens, ce qui ferait l'intérêt d'une série pourrait bien être qu'elle ne paraphrase pas un trait de ma vie. Nous préférons opter pour un modèle de l'enquête, qui est au cœur de l'engagement des amateurs : à quoi ai-je

pour quelles fictions ? », *op. cit.*, p. 20). On considérera qu'une série télévisée appartient au genre de la fiction artistique.

1. Chacun a des goûts qui d'une façon ou d'une autre, selon la théorie de l'homologie culturelle, paraphrase un trait de ce que l'on est socialement (un homme ou une femme, un médecin ou un universitaire, un artisan ou un ouvrier, un jeune ou un soixantenaire, etc.). Dit autrement, est-ce que le modèle de la réception paraphrastique est falsifiable ?
2. S. Chalvon-Demersay : « La confusion des sentiments. Une enquête sur la série télévisée *Urgences* », article cité ; « Enquête sur des publics particulièrement concernés. La réception de *L'Instit* et d'*Urgences* », *op. cit.*

affaire ? Que se passe-t-il ? Qui est ce personnage ? Que va-t-il faire ? Nous défendrons plus loin la thèse que la réception des séries relève moins de la paraphrase, dont on ne voit pas ce qui la fait échapper à la catégorie de l'identification, que de la *question*. Aurélien aime le personnage de Sawyer dans *Lost*, « *parce que*, dit-il, *c'est vraiment un personnage qui est complet, qui a vraiment de multiples facettes. Il va pouvoir être drôle. On ne sait pas trop quoi en penser de ce personnage. Il est trouble parce qu'il est antipathique mais en même temps il est attachant. Je me rends compte que plus les personnages comme ça sont un peu… ont des palettes vastes, plus ils sont intéressants parce que justement il y a plein de choses à en dire, il y a plein de choses à découvrir dessus.* »

Le jugement de Georges sur *Les Soprano* insiste sur la valeur particulière des personnages, le rapport réussi, crédible, de caricatures *a priori* de mafieux, à leur incarnation humaine. Seul le manque de crédibilité de la psychiatre de la série bloque son engagement.

> *C'est pas à gros traits, c'est pas des caricatures même si ça en a tout l'air. Il y a une dimension humaine des personnages, il y un approfondissement des personnages qui pourraient être des caricatures.* […] *Les personnages sont comme vous et moi, ils ont des enfants, des peines d'amour, des désirs, de la tendresse. Avec des caricatures, on recrée une image de la vie humaine quotidienne en fait. Le seul personnage que je trouve pas très bon c'est le médecin psychiatre, psychanalyste. Je trouve qu'il fait un travail de psychanalyste déplorable. Il est beaucoup trop interventionniste, sans doute c'est fait exprès.*
>
> (Georges, 59 ans, directeur d'une école de gestion, *Twin Peaks, True Blood, The Last Ennemy, Party Animals, Les Soprano*)

Le temps laissé au personnage dans les séries offre la possibilité de « *personnage particulier* », comme dit Élodie, 22 ans, étudiante, particularité qui se gagne à mesure que les actions du personnage se déploient. « *T-Bag, le pédophile un peu cinglé* [de la série *Prison Break*], *pervers, il a quand même un rôle important dans la série et c'est pas des personnages qu'on voit couramment. Ils ont quand même réussi à créer des personnages assez particuliers.* » Les personnages avec une profondeur sont opposés aux personnages *clichés* par les amateurs.

Je trouve que How I Met Your Mother, *c'est vraiment bon.* Skins, *c'est pas mal, parce que c'est anglais, donc c'est un peu décalé.* – ***Qu'est-ce que vous trouvez de bien dans* How I Met Your Mother *?*** – *L'humour, qui est assez... Enfin, qui est fin. Les blagues, elles sont sympas. Les personnages sont pas clichés.* – ***Ils sont pas clichés ?*** – *Oui. Par exemple la nana qui est censée être la belle, elle est... bien ridicule aussi. Alors que normalement on préserve un peu ça. Celle qui est la jolie, on lui laisse son rôle. Oui, ils sont drôles.*

(Magali, 31 ans, artisan d'art, *Desperate Housewives, Mad Men, Skins*)

Les personnages des séries contemporaines sont *attachants* parce que le temps de la série offre la possibilité de déployer leurs facettes et les contradictions qui peuvent les caractériser. Ils en deviennent plus humains, moins plein de l'*être* que provoque le fait d'endosser un rôle. « *Ils sont très attachants,* dit Cédric. [...] *Ça devient comme des éléments de la famille. Ils deviennent familiers, font partie du quotidien.* »

C'est donc l'ontologie des personnages de série qu'il conviendrait de cerner plus avant eu égard à l'ontologie des personnes ordinaires. Avançons ici que les personnages de séries (ou au moins certains d'entre eux pour certains téléspectateurs) apparaissent comme des individus dont l'être, tout en demeurant fictionnel, possède les traits de l'identité. On peut l'appeler, de façon un peu paradoxale certes, l'*identité fictionnelle* des personnages afin d'y faire apparaître le statut particulier de ces derniers de n'être configurés ni comme des personnes (leur être demeure fictionnel), ni comme des rôles (leur description par les amateurs les éloigne de l'être conventionnel de fiction), sans être pour autant strictement des personnages (parce que les amateurs ont autant à faire avec des personnages qu'avec des identités). Il faut soutenir alors que l'être de fiction est caractérisé en tant que *rôle* par sa place dans une structure dramaturgique, en tant que *personnage* par sa place dans une diégèse narrative et en tant qu'*identité fictionnelle* par ses traits de personnalité[1]. La notion d'identité fictionnelle permet de défendre l'idée d'une ouverture et d'une labilité des traits de personnalité d'un personnage de série.

1. La réduction du personnage au rôle tient à la *fonction* dramaturgique qu'on est susceptible de lui trouver ou non. L'affirmation que « chaque personnage dans un film doit avoir un rôle [au sens de la fonction] essentiel à jouer » se présente en effet comme un précepte dramaturgique pour nombre

Par contre, je pense que de plus en plus, de regarder autant de séries, ça a développé mon sens critique. De plus en plus, quand je regarde une série, je fais attention aux détails mais aussi à tout ce qui est le jeu des acteurs, tout ce que l'on peut critiquer dans une série, en bien ou en mal, la musique et tout ça. Du coup, je pense que c'est un peu ça qui me permet de mettre une barrière entre la réalité et ça. C'est pour ça, je pense, que je ne m'identifie pas aux personnages. Je ne me considère pas comme un spectateur actif, qui serait dans l'action parce que malgré tout, je reste conscient que c'est du cinéma et que ce sont des acteurs qui jouent même si...... C'est contradictoire mais même si les personnages sont réelspour moi, entre guillemets, parce que ça pourrait très bien être des personnages qui existent et qu'il leur arrive ça, je reste quand même conscient que ce sont des acteurs qui jouent.

(Aurélien, 25 ans, étudiant à l'IUFM, *Véronica Mars, Battlestar Galactica*)

Si les personnages de série sont réels pour Aurélien, tout en étant personnage de fiction, c'est parce que ce sont des personnages possibles, ils ont une identité comme les personnes ordinaires. Ce point peut être rapproché du critère de l'effet de réel que nous avons défendu plus haut. Ce qui peut faire effet de réel des personnages c'est que leur identité et leurs actions sont « possibles » pour les spectateurs, c'est-à-dire envisageables dans le monde ordinaire.

Histoires conséquentes et transgression des conventions cinématographiques

Carl, 23 ans, concepteur de pages et de sites sur Internet, déclare lors de l'entretien que *The Wire* est sa série préférée. Il y prélève un trait que l'on retrouve dans d'autres séries, comme *24 Heures Chrono* ou *Dexter*, la transgression que la série opère par rapport à la convention cinématographique ou même feuilletonesque (le « *soap opera* », dit Carl) la plus traditionnelle, celle du respect moral dû aux personnages principaux.

de scénaristes. Voir L. Seger, *Faire d'un bon scénario un scénario formidable*, Paris, Éditions Dixit, 2005, p. 225.

The Wire, *j'aime bien parce que c'est l'histoire et le scénario avant tout. Même si il y a un personnage qu'on adore, ça ne va pas être un problème de le tuer si ça fait avancer la série. Ca ne marche pas sur le système il y a un personnage qui est star et il est intouchable. C'est vraiment l'histoire avant tout. La véritable star de la série, c'est les deux scénaristes, les deux créateurs, un ancien journaliste et un ancien policier.*

(Carl, concepteur sur Internet, 27 ans, *The Wire, How I Met Your Mother, Entourages, Dawson, Samantha Who ?, The Office, 30 Rock*)

Il faut entendre ce que dit Carl non pas comme le retour à l'idée d'auteur derrière l'histoire, mais comme la primeur donnée au scénariste sur le réalisateur. Il ne s'agit pas de *lire* une *idée* d'auteur dans une série, *Six Feet Under* par exemple ou une autre, mais bien d'évaluer la capacité et la qualité de la série à faire vivre des personnages et des histoires. Si le cinéma a pu être d'auteur, c'est-à-dire *de réalisateur*, les séries sont *de scénaristes*. La sériephilie ne fait pas revenir le réalisateur comme auteur ou intellectuel sur le devant de la scène, mais reconnaît un ou des scénaristes, traditionnellement effacés en France[1], comme créateurs capables d'organiser la vie de personnages et le cours d'histoires sur une longue période.

Il y a des nuances, les personnages sont pas tout beaux, tout blancs. Le méchant, il y a des fois on va l'aimer. Ce n'est même pas qu'on va l'aimer, bien l'aimer. C'est HBO. S'il faut tuer quelqu'un d'une manière atroce, ils vont le faire. S'il faut faire un truc pas sympa, ils vont le faire quand même, il y a des trahisons, il y a des trucs… c'est un peu l'inverse d'un soap opera. L'histoire tient debout, les acteurs sont bons. On voit une saison, pour moi j'ai l'impression de voir douze bons films. Comme ça dure une heure. C'est douze des meilleurs films que j'ai vus. C'est de grande qualité.

(Carl, concepteur sur Internet, 27 ans, *The Wire, How I Met Your Mother, Entourages, Dawson, Samantha Who ?, The Office, 30 Rock*)

1. S. Chalvon-Demersay, *Mille scénarios. Une enquête sur l'imagination en temps de crise*, Paris, Métailié, 1994 ; D. Pasquier, *Les Scénaristes et la Télévision. Approche sociologique*, Paris, Nathan/INA, 1995 ; N. Heinich, « Aux origines de la cinéphilie : les étapes de la perception artistique », *op. cit.* ; Y. Darré, « Esquisse d'une sociologie du cinéma », *Actes de la recherche en sciences sociales*, n° 161-162, 2006, p. 122-136.

Évaluées à l'aune de cette surprise narrative, les séries et les saisons de certaines séries peuvent être vues négativement. Les saisons 4 et 5 de *Desperate Housewives* peuvent ainsi faire l'effet de se caricaturer elles-mêmes aux yeux de certains amateurs. « Desperate [Housewives], *je commence à lâcher car c'est tout le temps la même chose* », dit Deborah, étudiante en 2010[1]. Le critère de la surprise est donc essentiel au plaisir pris aux séries par les amateurs, situé entre la répétition et le possible.

> *Quand je regarde* 24 [24 Heures Chrono], *c'est vraiment du divertissement. Je m'intéresse à l'histoire mais je ne fais pas trop attention à « est-ce que ça pourrait se passer », parce que je pense que oui ça pourrait se passer. On vit dans un monde où je ne crois pas qu'on puisse dire : « ah non, ça c'est pas possible ! » Je pense que tout peut se passer du coup, je ne fais pas trop attention à ça.*
>
> (Aurélien, 25 ans, étudiant à l'IUFM, *Véronica Mars, Battlestar Galactica*)

Aurélien ne fait pas trop attention à un certain irréalisme de la série *24 Heures Chrono* qui lui apparaît secondaire par rapport au monde possible qui est mis en scène, celui du terrorisme contemporain, des moyens que ses acteurs emploient et qu'on emploie contre eux. *24 Heures Chrono* est une série paradoxale, dont le dispositif d'une diégèse en temps réel s'avère en fait secondaire par rapport aux éléments conjoncturels et prospectifs qui la caractérisent comme son principe d'appréciation principal. Le jugement de réalité articulé au *ça pourrait arriver* manifeste de nouveau son écart à un jugement de réalisme (« en effet, ça n'a encore jamais été le cas ») et, au contraire, sa proximité avec un jugement de pertinence[2].

La dimension de la surprise narrative, du dépassement du réalisme et de la mise en scène de l'impensable est au cœur de l'intérêt pris aux séries contemporaines, tant sur le plan des mondes envisagés que sur celui des conventions narratives, par exemple celles attachées aux héros dans le cinéma.

1. J. Donger, « Les étudiants en cinéma et les séries américaines, le cas de *Gossip Girl* », mémoire de Master I Information et Communication, Université Paris III, 2010.
2. F. Niney, *Le Documentaire et ses faux-semblants*, *op. cit.*, p. 64.

Et la mort de Tony et de Michelle [dans 24 Heures Chrono], ***qu'est-ce que tu en penses ?*** – *Ah mais je n'en reviens pas. Mais c'est tout le temps comme ça en fait.* – ***Tu n'en reviens pas ?*** – *Je n'en reviens pas. Parce qu'en fait ils avaient quitté l'univers de la cellule antiterroriste pour être plus tranquilles, pour vivre en couple parce qu'ils travaillaient tous les deux, ils travaillaient tous les deux dans la cellule et donc ils en avaient marre, il n'avait pas de vie privée, pas trop de vie privée. Et donc ils avaient arrêté. Et on s'attendait pas du tout...*

(Romain, 23 ans, étudiant en master de sociologie, *24 Heures Chrono, Prison Break, Lost*)

Le rejet de la série française

« *Je suis fan de T-Bag* [personnage pédophile de *Prison Break*], dit Patrick, 22 ans, responsable commercial d'un site Internet. *Il est fait pour être détesté, pourtant je suis fan, je trouve que c'est un perso énorme. Je trouve qu'il est super bien joué, qu'il est super bien pensé, super malsain et c'est bien. Dans une série, c'est toujours... Enfin, dans les séries habituelles, c'est souvent bisounours, ça montre pas vraiment les réalités. Là, c'est une réalité de la prison, des gars comme ça, il y en a. Ils font souffrir d'autres prisonniers et c'est bien de le présenter je trouve.* » La critique des séries françaises, fréquente chez les interviewés, est appuyée sur une absence d'innovation, de surprise narrative et d'effet de réel (à savoir le mélange du monde fictionnel et du monde ordinaire) et de transgressions morales.

Je m'ennuie devant une série française, alors après ça peut venir du scénario qui est... Je ne sais pas. Je pense que ça manque d'originalité aussi, les séries françaises, ce sont toutes les mêmes. J'ai vite fait le tour. Il n'y a que des séries policières. [...] *Les seuls points d'originalité que l'on trouve, c'est dans les petits formats et qui d'ailleurs cartonnent. Quand tu regardes* Un gars, une fille, Kaamelott, Caméra Café, *ce sont les séries qui marchent le mieux, si on peut appeler ça des séries, parce que c'est super original.* [...] *Il y a la musique aussi. Les séries américaines, on a beau dire, ont des musiques incroyables. On ne verra jamais un morceau d'un groupe de punk rock californien dans* Navarro *(rires). C'est des musiques comme ça qui vont faire coller l'action, qui vraiment vont servir la série.*

(Aurélien, 25 ans, étudiant à l'IUFM, *Véronica Mars, Battlestar Galactica*)

Les séries françaises sont souvent accusées d'être des fictions caractérisées par un faux réalisme ou un réalisme en toc. Alors que dans une série américaine « *on oublie que c'est une fiction.* » Bref, le critère de l'artifice est un critère central de la critique des fictions à la française[1]. Leur artifice fictionnel les éloigne de l'effet de réel.

Nip/Tuck, *c'est deux chirurgiens. Il y a du sang, il y a du sexe, il y a des opérations de chirurgie esthétique, des situations rocambolesques, des patients qui demandent des choses incroyables. C'est le genre de truc qu'on ne retrouve pas dans une série française par exemple. Les séries télé françaises, elles sont frileuses. Elles ne font pas ce genre de choses, je trouve.*

(Morgane, 31 ans, secrétaire, *Desperate Housewives,*
Dexter, Nip/Tuck, Friends, Malcom, Sex and the City, Newport Beach)

C'est ce que je reprochais aux séries françaises jusqu'à présent, c'est qu'elles ne faisaient pas la méthode « cliffhanger » C'est ce que font vachement les séries américaines, c'est la méthode rebondissement. Ils sont vachement sur les rebondissements et les Français, je trouve qu'ils avaient vachement du mal à faire des rebondissements, vraiment beaucoup de mal. Engrenages [série française] *a commencé à le faire et* Plus belle la vie *à son niveau.*

(Marine, 24 ans, étudiante en master de sociologie,
Friends, Ally McBeal, Sex and the City)

1. Le visionnage en langue anglaise n'est sans doute pas sans lien avec le bénéfice culturel qu'il procure, quand il n'est pas directement scolaire ou professionnel. « *Ça, je pense que c'est aussi un autre plaisir que ça nous procure de regarder les séries,* dit Aurélien, *c'est que ça me permet d'avoir un assez bon niveau en anglais. Si on peut joindre l'utile à l'agréable, on ne s'en prive pas* ».

La critique des séries françaises s'étend souvent à la critique de la télévision française elle-même, de son irrespect des séries et des téléspectateurs chaque fois qu'elle diffuse sans ordre les épisodes. « *Moi je le vois,* dit Bénédicte, *enfin vous allez rire, mais à la coupe de cheveux. Un coup le type a les cheveux là, les cheveux là, les cheveux là, blonds, bruns... Ça, c'est très révélateur, ça c'est un truc en France que je comprendrais jamais, c'est qu'ils respectent pas l'ordre des séries.* » On comprend que le goût pour les séries américaines et leur visionnage en temps réel ont été permis, pour partie et pour certains passionnés, par le court-circuit de l'institution télévisuelle française *via* Internet et grâce aux fichiers vidéo numériques échangés par delà les frontières nationales, qui apparaissent institutionnelles et professionnelles.

Aux yeux des professionnels de télévision en France, deux arguments sont avancés pour expliquer la frilosité de la production sérielle, d'une part un critère professionnel de dépendance des scénaristes à l'institution télévisée et à sa hiérarchie diffuse (« une télévision de caporal ») et d'autre part un critère morphologique de volume restreint des publics et des chaînes en France qui oblige les scénaristes à viser un grand public ou un public familial. Quant au nouvel espace de diffusion qu'offre Internet, il n'a pas permis durant les années 2000 de financement viable à des producteurs et scénaristes de séries[1].

Intérêt des jeunes adultes pour des identités au travail

Nous avons mis en valeur plus haut ce fait que, dans les années 2000, les séries télévisées américaines étaient investies par les jeunes adultes, et plus largement les 15-35 ans. Les jeunes adultes se caractérisent par leur taux très élevé de pratiques des séries postérieures aux années 1990. Ils sont presque deux fois plus nombreux que les plus de 50 ans à déclarer en 2008 avoir regardé trois séries postérieures à 1990.

1. Séminaire du Laboratoire Communication et Politique (C.N.R.S.), « La série revisitée par le web », vendredi 20 janvier 2012, avec V. Solignac, G. Crémonèse, M. Raynaud, E. Sardou et C. Apikian.

Identités en formation

Si les séries intéressent particulièrement les jeunes adultes c'est qu'elles ont mis en scène durant les années 1990 et 2000 des personnages souvent de leur âge, mais surtout des figures de fiction complexes, se cherchant, confrontées à divers dilemmes moraux, professionnels, familiaux. Prenons comme exemple ce que nous dit Cédric, 33 ans, cadre dans la fonction publique, de la série *Six Feet Under* qui met en scène les vies des membres d'une famille s'occupant de pompes funèbres :

> *C'est une série qui travaille le thème de la mort qui est pour moi un thème très important depuis longtemps et de comment faire sa vie, comment arriver à s'émanciper de modèles familiaux, comment à arriver à l'autonomie, comment sortir d'une voie lorsqu'on sent qu'on est sur une voie, lancé comme un train, comment arriver soit à changer de rail, soit à changer la trajectoire.*
>
> (Cédric, 33 ans, haut fonctionnaire, *Les Soprano, 24 Heures Chrono, Six Feet Under, Mad Men*)

Il ajoute, à propos de la série *Les Soprano* qu'il dit avoir adorée : « *Comme dans* Six Feet Under *aussi [il y a] des enjeux métaphysiques c'est-à-dire comment conduire sa vie, comme se placer par rapport à certaines limites.* » L'intérêt des séries pour les jeunes adultes semble résider dans les identités labiles qu'elles mettent en scène à travers leurs personnages. Ce qui intéresse Pierre dans les séries, c'est « *la vie des gens, leurs parcours, quelque chose qui vient troubler le parcours linéaire. J'aime pas les histoires extraordinaires. Je suis plus sensible aux histoires ordinaires. Tout ce qui est la face cachée. Tout ce qui est sous une façade ordinaire. Et tout ce qu'il y a de bien-pensant. C'est pour ça que j'adore* Six Feet Under. » À la question de savoir ce que les séries lui ont appris, Marine répond :

> *Ça m'a appris... le basculement de la vie en fait. C'est vraiment... Que ta vie elle n'est pas forcément régulée de manière assez propre comme on voudrait le faire. Il y a toujours des rebondissements, toujours des choses qui se passent et : « qu'est-ce que je ferais moi dans ces cas-là ? » Je me dis toujours : « qu'est-ce*

que je ferais moi dans ces cas-là dans ce cas-là ? Est-ce que j'agirais comme ça ? Est-ce que je dirais la vérité ? » Ou : « *est-ce que j'essaierais de jouer sur les deux tableaux ?* » *C'est toujours ce côté-là aussi qui peut se transposer. Ce qu'on ne fait pas forcément au cinéma.*

(Marine, 24 ans, étudiante en master de sociologie, *Friends, Ally McBeal, Sex and the City*)

Barbara Villez a noté l'apparition de la vie privée des personnages dans les séries des années 1980[1]. Les séries les plus récentes se caractérisent par l'ajout de la vie intérieure, de la face cachée (la voix *off* ou intérieure en est un moyen d'apparition[2]) des personnages. « *C'est-à-dire que* [Dexter] *ça interpelle, en choquant,* dit Mathis, 38 ans. *À la fois, je pense que ça touche chez chacun d'entre nous, ce qu'on veut peut-être pas s'avouer. Je parle pas tuer. Je parle le côté noir de chacun. On a un côté sombre, on a un côté sympa.* » Marine, 24 ans, aime « *le côté ambivalent des personnages* de FBI : Portés disparus, *où il y a un personnage dans une enquête il peut être très à cheval sur les règles et à côté il peut avoir vraiment un côté machiavélique.* » La nouveauté de ces séries tiendrait alors à la mise en scène de la vie ordinaire d'individus (presque) ordinaires, moins héros qu'identités en construction.

Les séries contemporaines sont des productions culturelles qui offrent des expériences du possible en adéquation avec des transformations récentes de l'expérience subjective des individus, les jeunes adultes étant ici particulièrement concernés par leur expérience d'une part d'un « devenir adulte » désinstitutionnalisé et d'autre part de modèles sociaux de singularisation[3]. On comprend que la dimension surnaturelle et fantastique, fréquente dans les séries des années 1990 et 2000 – « *des héros qui ont des pouvoirs* », dit Élodie, 22 ans, étudiante en master de marketing, rentre en écho d'une expérience ouverte, réflexive de construction du sens d'une vie

1. B.Villez, *Séries télé : visions de la justice*, *op. cit.*
2. H. Pourtier-Tillinac, *op. cit.*
3. C. Van de Velde, *Devenir adulte. Sociologie comparée de la jeunesse en Europe*, Paris, PUF, 2008 ; D. Martuccelli, *La Société singulariste*, Paris, Armand Colin, 2011.

individuelle. Comme les héros de *comics*, les personnages des séries ont à faire avec le fait qu'ils sont des héros, ils ont à faire avec leur identité leur, avec leurs potentialités[1].

Vue sur des univers

Certains spectateurs des séries contemporaines comme *Desperate Housewives, Dexter* ou *Les Soprano* ont le sentiment d'en apprendre, à travers les personnages, plus sur les personnes qu'ils n'en savent sur leurs propres connaissances. Une plus grande complétude des personnages existerait comparée aux personnes réelles.

> *On s'immisce comme ça dans un petit univers, et on observe presque sous toutes les coutures. Comme dans* Desperate, *en fait. J'adore ça, parce qu'on voit vraiment toutes les facettes. Toutes les facettes des personnalités, et toutes les facettes que les relations entre les gens peuvent prendre. –* ***C'est des choses qu'on peut pas voir ailleurs ?*** *– Pas de façon aussi omnisciente, en fait. J'ai l'impression que dans la vraie vie, c'est sûr qu'on perçoit beaucoup de choses plus réelles, plus précises, mais on n'en perçoit pas toutes les facettes. Dans* Desperate, *là on est du côté de Mary-Alice, donc elle est surplombante puisqu'elle est censée être au Paradis, donc elle voit tout. Alors que si on percevait du point de vue d'un autre personnage… n'importe quel autre personnage masculin ou féminin de la série, on n'aurait pas du tout la… C'est ça qui est intéressant en fait.*
>
> (Anissa, 21 ans, étudiante en master Ressources humaines, *Desperate Housewives*)

La notion d'*univers* revient souvent dans les entretiens avec les amateurs. « *Avec* 24 [24 Heures Chrono], Lost *et* Prison Break, *ça nous permet de sortir un peu du quotidien, de voir des univers qu'on connaît pas* », dit Romain, 23 ans. Les séries télévisées sont des mondes dont on donne à voir les facettes inconnues sans pour cela en passer par la caméra cachée ou la révélation documentaire. En ceci, une relative désidéalisation des personnages caractérise l'évolution des séries depuis *Urgences* et les années 1990.

1. É. Maigret, « Strange grandit avec moi. Sentimentalité et masculinité chez les lecteurs de bandes dessinées de super-héros », *Réseaux*, n° 70, 1995, p. 79-103.

C'est un point de vue. C'est comme quand je lis un livre, c'est pareil. C'est le point de vue de quelqu'un d'autre sur le monde et la manière artistique de le montrer. – ***En quoi ça compte ça pour toi ?*** *– Parce que c'est important d'avoir le point de vue des autres, parce que c'est important de s'y retrouver, de voir des choses auxquelles on n'aurait pas pensé.*

(Célia, 30 ans, vendeuse à la FNAC, *Dream on, Law and Order*)

Pour leurs amateurs, les séries télévisées contemporaines sont des matières à réfléchir et une matière à réflexivité, qui vont plus loin que les situations du monde réel[1]. Aurélien dit à propos de *Lost* : « *En plus, je suis un peu amateur de tout ce qui est mystérieux, ce qui fait réfléchir, donc* Lost *ça me convient parfaitement parce que ça fait réfléchir.* » Un amateur, défenseur du genre, comme Martin Winckler, peut aller jusqu'à leur attribuer des qualités sociales et politiques d'exposition des possibles ou de publicité sur des situations d'ordre privée, individuelle[2]. Comme Barbara Villez a pu le montrer à propos des séries judiciaires et de la justice, la fiction informe les gens[3]. Sabine Chalvon-Demersay écrit que « la série offre des ressources analytiques et cognitives qui permettent de mieux comprendre ce qui distingue l'univers présenté de l'expérience ordinaire[4] ». Les séries contemporaines ajoutent à cette dimension de confrontation une valeur documentaire, perçue comme telle par les amateurs, attachée à des *univers* qu'ils ne fréquentent pas (celui du pouvoir, des mondes professionnels). On pourrait soutenir que les séries élargissent le point de vue ordinaire. Elles seraient ainsi moins des fenêtres sur le monde que des vues sur des univers.

Séries à hypothèses et épreuves de vie

Un autre trait propre à la réception des séries contemporaines tient à la valeur prise par les « situations de fiction » dans lesquelles les personnages sont engagés. Morgane apprécie la série *Malcom* (les personnages sont « *attachants* », dit-elle), qu'elle regarde avec son compagnon : « *il y a*

1. T. de Saint-Maurice s'est appuyé sur les séries contemporaines pour y confronter des concepts de la philosophie (voir *Philosophie en séries*, Paris, Ellipses, 2009).
2. M. Winckler, *Les miroirs de la vie. Histoire des séries américaines, op. cit.*
3. B. Villez, *Séries télé : visions de la justice, op. cit.*
4. S. Chalvon-Demersay, « La confusion des sentiments. Une enquête sur la série télévisée *Urgences* », article cité.

des situations dans lesquelles on peut se retrouver », ajoute-t-elle. S'agit-il là d'une redondance mimétique des situations fictionnelles à l'existence des amateurs ?

Ça raconte la vie d'une famille, américaine, moyenne. Des parents qui ont quatre garçons. Il y a toujours des situations rocambolesques. C'est une famille très attachante, ils ont tous des personnalités bien distinctes. C'est une famille très attachante. On s'attache à cette famille. Il y a des situations dans lesquelles on peut se retrouver. – ***Vous pensez à quel type de situation ?*** *– La mère, par exemple qui, des fois, est dépassée par ce que ses garçons font. Des fois ça m'est arrivé de dire : « J'espère que mon fils Yanice ce ne sera pas comme ça plus tard » (rires).*

(Morgane, 31 ans, secrétaire, *Desperate Housewives, Dexter, Nip/Tuck, Friends, Malcom, Sex and the City, Newport Beach*).

Loin de constituer une paraphrase de sa propre existence, même en partie, la série représente pour Morgane un questionnement, l'attente d'une réponse, la recherche d'une confirmation. On trouve moins une réception homologique, mimétique ou paraphrastique, autrement dit identificatoire, des amateurs aux situations et aux personnages des séries, qu'une attente de réponse, de savoir, une curiosité. L'ouverture de ces objets culturels que sont les séries télévisées se traduit en ceci qu'il s'agit tout autant de séries à hypothèses que de séries à suspens. « *On a tendance à faire des hypothèses* », dit Élodie parlant de *Prison Break*. À la différence du suspens, qui est une attente, l'hypothèse enclenche sur une série de formulation de possibles. Les situations sérielles, matières à réflexion, se présentent comme des expériences de pensée.

Même si c'est irréaliste [24 Heures Chrono], *ça reste suffisamment prenant et suffisamment intéressant aussi pour pousser le personnage. C'est ce côté toujours ambiguïté morale, situation impossible. On doit se construire une morale provisoire. On doit choisir très vite. Ca me parle beaucoup. L'urgence de l'action et essayer de faire le plus juste.*

(Cédric, 33 ans, haut fonctionnaire, *Les Soprano, 24 Heures Chrono, Six Feet Under, Mad Men*)

La valeur de l'effet de réel dans les séries contemporaines ne se mesure-t-elle pas ici à nouveau aux effets que Pierre, 29 ans, qualifie de « *bizarres* » sur la perception de certaines situations de la vie réelle ? Il dit que certaines séries l'ont aidé à grandir. Mais il ajoute aussitôt que ça n'affecte par son vécu subjectif en situation réelle. Il dit n'avoir « *jamais fait de transferts sur les personnages. Ce n'est pas parce qu'on va voir un personnage vivre un deuil dramatique à la télé qu'on va être prêt à perdre quelqu'un de proche dans sa famille.* » Il raconte ensuite une histoire de deuil qu'il a vécu.

> *J'ai vu des millions d'adolescents dans les séries perdre quelqu'un de proche. Le jour où moi j'ai perdu des gens de ma famille dans un accident de voiture assez important, ça ne m'a pas… préparé à vivre ça. Par contre, je vais vous dire quelque chose de dramatique, ce à quoi ça m'a préparé, c'est que, étant donné que j'étais un grand fan de* Six Feet Under[1]*, étant donné que j'ai dû organiser des funérailles pour mes grands-parents, j'y ai forcément pensé. C'est bizarre, j'ai bien conscience. –* ***Vous avez pensé à quoi ?*** *– À la série, même au niveau du vocabulaire, au niveau des choix. Je n'ai pas du tout été surpris quand on m'a demandé de choisir un cercueil, un mode d'enterrement. Je vais pas vous dire que ça m'a aidé dans ma peine, par contre c'était bizarre comme expérience parce que j'y ai vraiment pensé. Je m'en souviens très très bien. […] Je n'ai ni été surpris, ni été choqué qu'on me demande tout ça. Au final, je savais que ça se faisait.*
>
> (Pierre, 29 ans, professeur d'histoire-géographie, *Dawson, Dexter, Six Feet Under, Les Frères Scott*)

Ce qui est « *bizarre* » dans l'expérience vécue par Pierre tient au fait d'avoir vu dans un cadre fictif un événement qui s'est ensuite déroulé réellement. Ces événements anticipateurs et peu banals sont une marque de fabrique des séries contemporaines ; l'explosion d'une bombe nucléaire sur le sol états-unien ou une attaque bactériologique dans *24 Heures Chrono* en sont des exemples. Il faut ajouter que le savoir que délivrent les fictions

1. Série qui met en scène une famille où la mère et le fils cadet sont responsables d'une entreprise de pompes funèbres.

sérielles n'est pas tant un savoir technique qui pourrait s'apprendre sur un autre mode, à l'oral ou par écrit, qu'un savoir de situation, un savoir appris dans le cadre d'une situation mise en scène.

L'identité fictionnelle des personnages, leur *personnalité*, s'articule aux situations qui les font se déployer, se révéler et au final se légitimer et se crédibiliser. À l'instar du « réalisme émotionnel » qu'Ien Ang saisit au cœur du rapport des téléspectateurs à la série *Dallas*[1], un réalisme des conditions d'existence, des *épreuves de vie*, caractérise la réception des séries.

> *Je me suis rendue compte* [à propos de Desperate Housewives] [...] *de ce qu'une femme elle était capable de faire pour ses enfants, par exemple. Oui, c'est quand même... Enfin moi, je n'ai pas d'enfant, je me dis : « ça doit être possible de faire autant de choses, autant de sacrifices, pour son mariage. » Quand on voit ce que Gabrielle elle est prête à faire. C'est des femmes fortes quand même.* [...] *Elles sont fidèles à elles-mêmes comme dans la vraie vie, elles ont leur personnalité et elles traversent des épreuves un peu, pas dures, mais un peu... C'est un peu irréaliste. Il y a des meurtres, il y a des trucs. Aucune femme traverse ça, mais n'empêche que c'est quand même des épreuves de vie qu'elles traversent, et malgré ça, elles ont toujours leur personnalité, et c'est pour ça qu'on a l'impression que c'est réel, elles restent fidèles à elles-mêmes en fait.*
>
> (Anissa, 21 ans, étudiante en master Ressources humaines, *Desperate Housewives*).

Les séries auraient ainsi rendu à la fois perceptible et partageable par le public des conditions jusque-là ignorées ou communes, mais privées. Ce n'est pas le moindre de leurs effets sur la connaissance et les liens sociaux[2].

1. I. Ang, *Watching Dallas: Soap Opera and the Melodramatic Imagination*, Londres, Routledge, 1985.
2. En ce sens, les séries télévisées américaines actuelles proposeraient moins des solutions à des problèmes ou à des difficultés (celles des comédies du remariage comme occasion de ressaisir une chance dans le cinéma hollywoodien des années 1930 à 1950) qu'elles ne mettent sous les yeux des personnalités, des comportements et des situations. Voir S. Cavell, *Le cinéma nous rend-il meilleurs ?*, Paris, Bayard, 2005, p. 37.

Tu penses que ce sont des mondes idéaux les séries ? – *Non, pas du tout justement parce que ce sont vraiment des mondes où les personnages ne sont pas parfaits ! Ils ont leurs qualités, ils ont leurs défauts et justement, justement, ça permet peut-être d'être rassuré quelque part, de se dire que de toute façon, les problèmes, c'est pour tout le monde pareil et que s'ils en font des séries, c'est que c'est vraiment partout pareil. Oui, il y a peut-être un moyen de se rassurer aussi, de se dire que voilà, des emmerdes tu en as mais de toute façon, c'est la vie. (rires) Tout le monde en a et on ne peut pas y louper.*

(Aurélien, 25 ans, étudiant à l'IUFM, *Véronica Mars, Battlestar Galactica*)

La réassurance qu'Aurélien tire de sa fréquentation des séries s'articule à une sorte de reconnaissance sociale par la fiction sérielle de difficultés existentielles qui sont les siennes, de normalisation.

Qu'est-ce qui vous plaît dans les séries ? – *C'est peut-être que c'est le fait de vivre la vie de quelqu'un, parce que finalement c'est des petits bouts de vie, c'est des choses qu'on fera peut-être jamais. C'est de découvrir de nouvelles choses. Au bureau, on se moque de moi, on m'appelle le Vidal, parce que je connais très bien tous les médicaments, les prescriptions, les machins comme ça. Ça me sert aussi à me cultiver, mine de rien.*

(Bénédicte, 30 ans, commerciale, *Friends, Desperate Housewives, NCIS, Bones*)

C'est avoir les clefs d'un monde dans lequel je sais très bien que je ne mettrai pas les pieds. Je ne saurai jamais ce qui s'y passe réellement derrière ces murs, et puis là il y a une série qui nous propose de nous le montrer. Oz *c'était vraiment ça, je me suis dit ; « Wouah, ces prisons, c'est ça ? »*

(Anissa, 21 ans, étudiante en master Ressources humaines, *Desperate Housewives*)

Aux yeux des sociologues, les séries ne sont pas *a priori* de la sociologie – par définition méthodologique puisqu'elles ne sont pas le produit d'une enquête raisonnée dans un champ scientifique. Pour l'amateur, elles le sont fréquemment. Deux traits le manifestent : le fait que les personnes déclarent « réalistes » ou « crédibles » des situations (par exemple les rapports entre prisonniers dans *Oz* ou *Prison Break*) et le fait qu'ils disent apprendre des choses sur le monde (sur les États-Unis par exemple). Autant dire que la question des rapports entre les *fictions référentielles* que sont les séries contemporaines et les savoirs scientifiques produits par les sciences sociales reste à clarifier.

Conclusion : le sens de la sériephilie

Les amateurs qui nous ont intéressés forment un public très investi dans cet objet culturel. Ils appartiennent aux catégories étudiantes, moyennes et supérieures. Jeunes adultes en leur noyau, ils se caractérisent par une situation sociale encore ouverte, études en cours ou activité professionnelle récemment investie. À eux s'adjoignent des amateurs plus âgés, portés vers des formes d'avant-garde. Le lien qu'ils tissent avec la série s'appuie sur une pertinence des personnages et des situations de la fiction. Il y a bien une déflation de la figure de la star au profit des identités fictionnelles, de leur complexité. Les amateurs sont souvent estomaqués par ce qu'osent les séries américaines ; exposition de ce qui est traditionnellement intime, vie ordinaire contre vie extraordinaire, insertion du réel sont autant de points d'accroche aux séries américaines contemporaines. La sériephilie s'articule à une certaine jouissance, addictive et quotidienne, et témoigne d'une réception, réflexive et informative.

La sériephilie représente une configuration culturelle que les jeunes adultes actuels incarnent en son cœur et qui articule une pratique fortement liée à Internet comme possibilité d'un accès autonome, à l'ordinateur comme support affranchi du téléviseur, au quotidien en tant que pratique culturelle de fiction intriquée à la vie de travail ; elle est à la fois individualisée et partagée, en couple notamment, parce qu'elle constitue un

« faire ensemble » pour des partenaires aux vies quotidiennes distinctes ; elle témoigne aussi de l'accession d'un genre audiovisuel au rang de forme produisant des œuvres, aux côtés du long-métrage de cinéma, et de la valeur subjugante et réflexive que prennent pour ses passionnés et au regard de l'histoire audiovisuelle, les univers mis en scène, les identités fictionnelles dessinées sur le long cours et, enfin, l'effet de réel comme témoignage du statut de la fiction au sein des faits du monde.

Pour affirmer une telle chose, il faut considérer que ce goût est relativement homogène et que les objets qu'il désigne ont des traits en commun. Nous retrouvons ici notre réflexion de départ sur le niveau d'analyse du sociologue face à cet objet. Parle-t-il de la réception de la première saison de *Desperate Housewives* ou du statut de la fiction en général ? Il va sans dire que pour s'autoriser à décrire, au niveau du genre série, une telle configuration culturelle, il faut soutenir que ce genre recouvre une unité d'objets, ce seront alors les séries à arc narratif d'origine américaine (et les séries françaises qui s'y réfèrent) produite à partir des années 1990, et une unité de sens pour les amateurs, ce sera l'*hyper-réalisme*, les *épreuves de vie*, les vues sur univers et les *personnalités* des personnages qui les caractérisent. L'effet de réel, c'est un défaut de cadre. C'est pourquoi, après la stupéfaction, il témoigne du travail entrepris, de l'enquête menée pour réarticuler la nouveauté perçue, y situer son point de vue ou en tirer une connaissance. Les amateurs y trouvent un fondement à leur intérêt.

Le régime de valeur de la sériephilie, articulé au plaisir, au délassement, à l'ici et maintenant, prend le contre-pied du rapport culturel ascétique de la pratique culturelle telle que Pierre Bourdieu a pu la décrire dans *La Distinction*. Il est revendiqué, de façon plus large, par nombre d'amateurs des genres culturels apparus avec le développement des biens artistiques soutenus par les médias et les industries culturelles. C'est ainsi que les amateurs de polar recherchent simplicité, authenticité et accessibilité dans leur lecture, selon l'étude d'Annie Collovald et Érik Neveu. À l'opposé de l'ascèse lettrée et contemplative, ils privilégient des usages culturels qui engagent plus directement le corps et les affects, recherchent une satisfaction moins différée des plaisirs cultivés et destinent les pratiques culturelles à être converties en pratiques[1] ». Annie Collovald et Érik Neveu décrivent

1. A. Collovard et É. Neveu, *op. cit.*, p. 226.

ainsi très précisément un régime de valeur : « la lecture de romans policiers illustre une classe entière de pratiques culturelles marquée par quatre traits [...] : "culturel à l'état pratique", "culture intéressée", "évasion dans la réalité", "conciliation des inconciliables[1]" ». L'amateur de séries télévisées ressemble-t-il à l'amateur de romans policiers ainsi décrit en 2004 ? Son goût s'articule-t-il autour d'un régime semblable de valeur, le « franc-lire » ? Possède-t-il la compétence lectorale, la maîtrise de la cartographie des genres et des œuvres, mais aussi des codes de narration et son plaisir ? Notre réponse aura ici été positive, le genre policier précédant historiquement le goût pour les séries télévisées[2].

Annie Collovald et Érik Neveu ajoutent que la lecture des récits policiers satisfait pour les amateurs aux trois registres de la distraction, de la connaissance et du salut[3]. Selon eux, l'intérêt des amateurs pour le roman policier réside, d'une part, dans la prise qu'il permet à ses lecteurs « sur un avenir réalisé dont ils n'ont pas tout à fait contrôlé la situation dans leur existence » et, d'autre part, dans les ressources fournies « pour déjouer les contraintes statutaires et les enfermements identitaires et pour se défaire des limitations imposées par leur nouvelle situation professionnelle[4] ». Ces deux explications sont proches de deux des motivations au principe de la cinéphilie que Laurent Jullier formule dans les termes de la compensation imaginaire et de la substitution sociale[5]. L'amateurisme culturel est ici décrit comme une ressource contre des aléas sociaux et une position dominée.

Matt Hills a proposé, lui, dans son ouvrage *Fan Cultures* consacré aux amateurs, de situer les passionnés d'un genre culturel « entre deux » : entre la résistance et la consommation, la hiérarchie et la communauté, la justification

1. *Ibid.*, p. 322.
2. On sait que la série télévisée *Hill Street Blues* (1981-1987), considérée comme fondatrice des « nouvelles séries » de la *quality television*, est en grande partie inspirée de la saga 87e *district* de l'écrivain de romans policiers Ed McBain. Voir S. Jenkins, *op. cit.*
3. A. Collovard et É. Neveu, *op. cit.*, p. 209.
4. *Ibid.*, p. 215.
5. « [La démarche cinéphilique] se décompose en trois motivations possibles, résume L. Jullier : une stratégie de compensation [...] qui permet d'oublier les conditions de vie réelles ; une stratégie d'intégration : suivre les modes et les tendances permet de se sentir dans le coup, non sur la touche ; une stratégie de substitution : le spectateur qui a le sentiment d'exercer une profession au-dessous de ce qu'il était en mesure d'espérer répare cette injustice en pratiquant la cinéphilie assidue comme principale raison d'être et de vivre ; ce public observe une prédilection pour les genres marginaux ». Voir L. Jullier, *Qu'est-ce qu'un bon film ?*, Paris, La Dispute, 2002.

et la connaissance et, enfin, la réalité et l'imaginaire[1]. Les premiers termes de chaque couple renvoient assez nettement à un modèle qui interprète l'amateurisme comme une posture dominée et en défaut par rapport au mode de consommation cultivée légitime, comme Henry Jenkins a pu le restituer[2]. La sériephilie ne se présente plus, elle, comme une posture dominée. La pratique des séries télévisées se décrit *justement* à l'aide de l'ensemble des modalités alternatives que couvrent la « consommation » (ce terme est revendiqué par les amateurs), la « communauté » (elle décrit mieux le partage affinitaire possible de cette pratique que sa mesure à la hiérarchie sociale), la « connaissance » (les amateurs insistent sur la connaissance plutôt que sur la compensation que les séries leur procurent) et, enfin, « l'imaginaire » (la concession à la fiction est au cœur de la posture du goût sériephile). Il suffit d'ajouter qu'aux yeux des amateurs cette configuration n'est plus dominée par rapport à son modèle de référence pour qu'elle fasse écho à notre proposition d'un régime de valeur émergent.

La consommation des séries télévisées permet, on le voit, de souligner deux dimensions centrales des pratiques culturelles contemporaines, ce que nous avons appelé leur régime de valeur (régime de valeur positif, valorisé et domestique de la consommation) et la valeur qu'elles ont acquise dans la construction de l'identité sociale des individus. L'amateurisme pose en effet la question de la signification ou du poids des identités qu'il produit. À la « sphère sociale objective » des positions sociales, comme on le disait dans les années 1970, s'est adjoint ce qu'on peut appeler une « sphère culturelle » dans laquelle et à partir de laquelle les individus produisent une autre identité sociale – en l'occurrence culturelle – appuyée sur les biens ou leurs productions culturelles. Internet accentue cette production à travers les espaces d'apparition qu'il offre aux individus. Il permet un élargissement des espaces de reconnaissance de l'identité.

Au regard de l'identité liée à la position sociale, dont les sociologues font traditionnellement le seul point d'appui à toute identité ayant une valeur sociale, parce qu'elle est articulée à la structure des ressources les plus pertinentes (argent, diplôme et position professionnelle), on est en droit de se demander quelle valeur sociale a la production de soi contemporaine

1. M. Hills, *Fan Cultures*, London/New York, Routledge, 2002.
2. H. Jenkins, *op. cit.*

sur les supports numériques, production prise dans « une quête du regard d'autrui à des fins de reconnaissance[1] ». La question est, à coup sûr aux yeux des sociologues, de savoir quelle valeur – sociale et subjective – cette identité culturelle a acquise. Dit encore autrement, quelle valeur sociale ont dorénavant la culture expressive et l'identité culturelle des individus au regard de leurs positions sociales ? On le voit, à mesure que le champ culturel se développe, la sphère sociale chère aux sociologues s'adjoint une sphère culturelle dont la difficulté est d'en dire socialement la valeur. Si les hypothèses sociologiques de l'identité et de l'amateurisme culturels compensatoires, substitutifs ou intégratifs demeurent relatives à la sphère sociale objective ou à la structure dite réelle des possessions financières, l'hypothèse de la pluralisation, de l'adjonction ou de la diversification de l'identité sociale par les pratiques culturelles peut être sérieusement posée eu égard tout simplement à l'accroissement historique et des pratiques culturelles et de l'amateurisme passionné.

1. D. Cardon, « Le design de la visibilité : un essai de typologie du web 2.0 » ; F. Granjon et J. Denouël, article cité, p. 41.

Annexes

Annexe 1 : Liste des amateurs interrogés entre 2006 et 2010

Prénom	**Âge**	**Sexe**	**Séries aimées au moment de l'entretien**	**Profession**	**Habitation**	**Date entretien**
Anissa	21	F	*Desperate Housewives*	Étudiante, master Ressources humaines	Lille	13/12/07
Aurélien	25	M	*Veronica Mars, Battlestar Galactica*	Étudiant IUFM, ex. doctorant en chimie	Orléans	15/09/06
Bénédicte	30	F	*Friends, Desperate Housewives, NCIS, Bones*	Commerciale	Ville du Val d'Oise	22/07/09
Bénédicte	28	F	*The Wire, Six Feet Under, Friends, La Caravane de l'étrange*	Coordinatrice dans une fondation d'art contemp.	Paris	15/10/09
Carl	27	M	*The Wire, How I Met Your Mother, Entourage, Dawson's Creek, Samatha Who ?, The Office, 30 Rock*	Concepteur de publicité pour Internet	Paris	10/12/08
Cédric	33	M	*Sopranos, 24 Heures Chrono, Six Feet Under, Mad Men*	Haut fonctionnaire	Paris	02/10/09
Célia	30	F	*Dream On, Law and Order*	Vendeuse à la FNAC	Paris	14/09/06
Élodie	22	F	*Lost, Desperate Housewives, Prison Break*	Étudiante, master Marketing	Lille	09/10/07
Geneviève	48	F	*Plus belle la vie, Lost, Desperate Housewives*	Responsable du patrimoine cinématographique	Paris	05/05/10

Georges	59	M	*Twin Peaks, True Blood, The Last Ennemy, Party Animals, Les Soprano*	Directeur d'école de gestion	Ville de Seine et Marne	22/07/09
Géraldine	21	F	*Nip/Tuck, Lost, Prison Break*	Étudiante, licence Marketing	Lille	23/10/07
Jeff	22	M	*How I Met Your Mother, Friday Night Lights, Dirty Sexy Money*	Étudiant, master Sociologie	Paris	20/05/09
Léa	25	F	*Kaamelott, Jericho*	Étudiante en sociologie	Paris	29/04/09
Magali	31	F	*Desperate Housewives, Mad Men, Skins*	Artisant d'art	Village nantais	13/03/10
Marine	24	F	*Friends, Ally McBeal, Sex and the City*	Étudiante, master Sociologie	Bordeaux	11/12/06
Mathis	38	M	*Dexter, FBI : Portés disparus, Dr House*	Chef d'une petite entreprise du web	Paris	05/11/09
Patrick	22	M	*Lost, Prison Break*	Responsable commerciale d'un site Internet	Lille	24/09/07
Pierre	29	M	*Dawson, Dexter, Six Feet Under, Les Frères Scott*	Professeur d'histoire-géographie	Bordeaux	23/10/07
Quentin	22	M	*Prison Break, Lost*	Ingénieur	Lille	01/10/07
Romain	23	M	*24 Heures Chrono, Prison Break*	Étudiant, master Sociologie	Bordeaux	11/12/06
Stéphanie	22	F	*Skins, How I Met Your Mother*	Étudiant, master Communication	Bordeaux	28/01/09
Vincent	23	M	*Lost, Prison Break, Desperate Housewives*	Ingénieur informatique	Lille	23/10/07

Annexe 2 : Séries télévisées regardées régulièrement selon les variables socio-démographiques en 2008

Sur 100 individus déclarant avoir regardé régulièrement au cours de leur vie	*24 Heures Chrono*	*Agence tout risques*	*Ally McBeal*
Sexe			
Homme	4	2	0
Femme	3	1	2
Diplôme le plus élevé			
Aucun diplôme	1	2	n.s.
CEP	n.s.	1	n.s.
BEPC	4	1	n.s.
CAP-BEP	3	2	1
BAC, BP-BT-BS	5	2	2
DEUG, DUT, BTS	6	2	2
Licence	7	n.s.	n.s.
2e cycle univers. et plus	7	1	1
PCS de l'enquêté			
Agriculteur (y.c. retraités)	n.s.	n.s.	n.s.
Artisans Comm. Chefs d'entreprises	2	3	n.s.
Cadres et professions libérales (y.c. retraités)	7	1	2
Professions intermédiaires (y.c. retraités)	5	1	1
Employés (y.c. retraités)	2	1	1
Ouvriers (y.c. retraités)	2	3	n.s.
Lycéens, étudiants	4	n.s.	1
Inactifs sans ancienne PCS	n.s.	n.s.	n.s.
Ensemble	3	2	1

Amicalement vôtre	*Amour, gloire et beauté*	*Beverly Hills*	*Chapeau melon et bottes de cuir*	*Charmed*
2	0	1	1	1
1	5	2	1	2
n.s.	7	1	1	1
1	4	n.s.	2	n.s.
1	1	1	n.s.	5
2	3	2	1	1
1	1	2	1	2
2	1	2	n.s.	n.s
4	n.s.	n.s	n.s.	n.s
3	1	1	1	n.s
n.s.	n.s.	n.s.	n.s.	n.s
1	3	2	3	n.s
4	n.s.	n.s.	3	n.s
2	1	1	1	1
2	6	2	1	1
1	3	1	1	1
n.s.	n.s.	1	n.s.	6
n.s.	7	2	n.s.	2
2	3	1	1	1

Sur 100 individus déclarant avoir regardé régulièrement au cours de leur vie	*Cold Case*	*Columbo*	*Commissaire Cordier*
Sexe			
Homme	1	4	1
Femme	2	3	2
Diplôme le plus élevé			
Aucun diplôme	n.s.	5	1
CEP	n.s.	5	5
BEPC	1	3	n.s.
CAP-BEP	3	3	1
BAC, BP-BT-BS	3	3	1
DEUG, DUT, BTS	4	1	n.s
Licence	4	n.s.	n.s
2e cycle univers. et plus	3	4	1
PCS de l'enquêté			
Agriculteur (y.c. retraités)	n.s.	5	5
Artisans Comm. Chefs d'entreprises	2	3	3
Cadres et professions libérales (y.c. retraités)	3	5	1
Professions intermédiaires (y.c. retraités)	3	3	1
Employés (y.c. retraités)	2	4	2
Ouvriers (y.c. retraités)	1	5	2
Lycéens, étudiants	n.s.	n.s	n.s.
Inactifs sans ancienne PCS	n.s.	3	4
Ensemble	2	4	2

Dallas	Derrick	Desperate Housewives	Dolmen	Femme d'honneur
6	3	4	1	1
8	3	10	2	2
8	5	4	1	2
11	6	1	2	3
5	1	11	1	n.s.
7	2	5	2	2
5	1	11	2	0
4	n.s.	17	1	n.s.
n.s.	n.s.	13	n.s.	n.s.
3	1	14	n.s.	n.s.
14	n.s.	n.s.	n.s.	n.s.
8	4	3	2	3
6	1	10	n.s.	n.s.
6	1	10	2	1
8	3	8	2	2
9	6	3	1	2
n.s.	n.s.	14	n.s.	n.s.
4	4	3	n.s.	5
7	3	7	1	1

Sur 100 individus déclarant avoir regardé régulièrement au cours de leur vie	*FBI : Portés disparus*	*Friends*	*Grey's Anatomy*
Sexe			
Homme	2	3	1
Femme	3	3	3
Diplôme le plus élevé			
Aucun diplôme	2	1	1
CEP	1	n.s.	n.s.
BEPC	2	4	2
CAP-BEP	3	2	2
BAC, BP-BT-BS	2	5	5
DEUG, DUT, BTS	5	5	4
Licence	5	13	n.s.
2e cycle univers. et plus	4	6	4
PCS de l'enquêté			
Agriculteur (y.c. retraités)	n.s.	n.s.	n.s.
Artisans Comm. Chefs d'entreprises	3	n.s.	n.s.
Cadres et professions libérales (y.c. retraités)	3	3	2
Professions intermédiaires (y.c. retraités)	5	3	3
Employés (y.c. retraités)	3	2	2
Ouvriers (y.c. retraités)	1	1	1
Lycéens, étudiants	2	12	6
Inactifs sans ancienne PCS	2	n.s.	n.s.
Ensemble	3	3	2

Heroes	Julie Lescaut	Joséphine, ange gardien	La petite maison dans la prairie	Le destin de Lisa
3	1	1	2	1
1	2	3	4	9
n.s.	1	2	3	8
n.s.	3	3	2	4
3	1	1	4	8
2	2	1	4	5
3	1	1	2	4
3	n.s.	n.s.	3	4
n.s.	n.s.	n.s.	4	n.s.
5	1	n.s.	3	2
n.s	n.s.	5	4	n.s.
n.s	3	n.s.	2	3
3	1	n.s.	2	1
2	1	1	2	3
2	2	3	4	7
n.s.	1	1	4	5
6	n.s.	n.s.	3	11
n.s.	5	n.s.	3	6
2	2	2	3	5

Sur 100 individus déclarant avoir regardé régulièrement au cours de leur vie	*Les Experts*	*Les Experts Miami*	*Les Feux de l'amour*
Sexe			
Homme	7	2	3
Femme	8	2	13
Diplôme le plus élevé			
Aucun diplôme	8	3	14
CEP	3	1	16
BEPC	8	2	5
CAP-BEP	10	2	6
BAC, BP-BT-BS	6	2	4
DEUG, DUT, BTS	10	3	2
Licence	10	n.s.	n.s.
2e cycle univers. et plus	4	n.s.	2
PCS de l'enquêté			
Agriculteur (y.c. retraités)	n.s.	n.s.	11
Artisans Comm. Chefs d'entreprises	5	n.s.	9
Cadres et professions libérales (y.c. retraités)	5	n.s.	2
Professions intermédiaires (y.c. retraités)	6	2	5
Employés (y.c. retraités)	9	2	13
Ouvriers (y.c. retraités)	9	2	9
Lycéens, étudiants	8	2	2
Inactifs sans ancienne PCS	6	2	17
Ensemble	7	2	8

Lost	*Navarro*	*NCIS : Enquête spéciales*	*Plus belle la vie*	*Prison Break*
4	1	6	9	15
2	2	5	15	9
2	1	5	14	12
n.s.	3	2	17	2
4	1	5	16	17
2	1	6	12	15
5	1	6	9	17
5	1	8	8	14
5	n.s.	6	6	15
5	1	6	5	8
n.s.	n.s.	n.s.	19	n.s.
1	n.s.	2	11	10
3	1	5	5	7
3	1	7	9	11
2	1	6	14	11
2	2	6	13	13
7	n.s.	6	13	23
n.s.	3	3	22	5
3	1	6	12	12

Sur 100 individus déclarant avoir regardé régulièrement au cours de leur vie	*Rex*	*Stargate SG1*	*Starsky et Hutch*
Sexe			
Homme	1	3	2
Femme	2	0	1
Diplôme le plus élevé			
Aucun diplôme	4	1	1
CEP	3	n.s.	1
BEPC	1	2	n.s.
CAP-BEP	1	2	2
BAC, BP-BT-BS	1	2	2
DEUG, DUT, BTS	n.s.	n.s.	2
Licence	n.s.	n.s.	n.s.
2e cycle univers. et plus	0	1	2
PCS de l'enquêté			
Agriculteur (y.c. retraités)	n.s.	n.s.	4
Artisans Comm. Chefs d'entreprises	3	n.s.	3
Cadres et professions libérales (y.c. retraités)	1	2	2
Professions intermédiaires (y.c. retraités)	1	2	2
Employés (y.c. retraités)	2	1	1
Ouvriers (y.c. retraités)	4	1	3
Lycéens, étudiants	n.s.	4	n.s.
Inactifs sans ancienne PCS	n.s.	n.s.	n.s.
Ensemble	2	1	2

Source : enquête Pratiques culturelles des Français 2008, DEPS, ministère de la Culture/ Clersé / LCP-CNRS.

Thierry la Fronde	*Urgences*	*Zorro*
2	1	2
1	2	0
1	1	n.s.
2	n.s.	1
n.s.	2	2
2	1	1
2	3	1
n.s.	2	2
n.s.	n.s.	n.s.
2	4	2
n.s.	n.s.	n.s.
3	n.s.	1
2	2	2
2	2	1
1	2	1
1	1	1
n.s.	1	n.s.
n.s.	n.s.	n.s.
1	2	1

Champ : ensemble des Français âgés de 15 ans et plus. Feuilletons et séries télévisées regardés régulièrement au cours de la vie (trois choix possibles dans une liste ouverte). Sélection des 38 premières séries. Les valeurs dont les effectifs sont inférieurs à 5 son indiquées n.s.

Bibliographie

ALLARD Laurence et VANDENBERGHE Frédéric, « Espress yourself! Les pages perso. Entre légitimation technopolitique de l'individualisme expressif et authenticité réflexive peer to peer », *Réseaux*, n° 117, 2003, p. 191-219.

AMBROISE Jean-Charles et LE BART Christian, *Les Fans des Beatles. Sociologie d'une passion*, Rennes, PUR, 2000.

ANG Ien, *Watching Dallas: Soap Opera and the Melodramatic Imagination*, Londres, Routledge, 1985.

AUBERT Aurélie et ROCHE Émilie, « 24 Heures Chrono, les raisons du succès chez les jeunes », *in* CORROY Laurence (dir.), *Les Jeunes et les Médias. Les raisons du succès*, Paris, Vuibert/CLEMI/INA, 2008, p. 104-126.

AUGÉ Marc, *Non-Lieux. Introduction à une anthropologie de la surmodernité*, Paris, Seuil, 1992.

BARTHES Roland, *La Chambre claire. Note sur la photographie*, Paris, Cahiers du cinéma Gallimard Seuil, 1980.

—, « L'effet de réel », in *Littérature et réalité*, Paris, Seuil, coll. « Points Essais », 1982 (1re éd. 1968), p. 81-90.

BARTHES Séverine, *Du « temps de cerveau disponible » ? Rhétorique et sémiostylistique des séries télévisées dramatiques américaines de*

Primetime *diffusées entre 1990 et 2005*, thèse de doctorat, Université Paris-Sorbonne, 2010.

BAZIN André, « L'évolution du langage cinématographique », in *Qu'est-ce que le cinéma ?*, Paris, Éditions du Cerf, vol 1, 1976, p. 63-80.

BENASSI Stéphanie, *Séries et feuilletons TV. Pour une typologie des fictions télévisuelles*, Liège, Éditions du Céfal, 2000.

BEUSCART Jean-Samuel, CARDON Dominique, PISSARD Nicolas et PRIEUR Christophe, « Pourquoi partager mes photos de vacances avec des inconnus ? Les usages de Flickr », *Réseaux*, n° 154, 2009, p. 92-129.

BOULLIER Dominique, *La Conversation télé*, Rennes, LARES, 1987.

BOURDIEU Pierre, *La Distinction*, Paris, Éditions de Minuit, 1979.

BOURDON Jérôme, « Propositions pour une sémiologie des genres audio-visuels », *Quaderni*, n° 4, 1988, p. 19-36.

BOUTET Marjolaine, « Le président des États-Unis, héros de série télévisée. La figure présidentielle dans les séries américaines récentes », *Le Temps des médias*, vol. 1, n° 10, 2008, p. 156-169.

BRUNSDON Charlotte, "Problems with Quality", *Screen*, vol. 31, n° 1, 1990, p. 67-90.

BUCKLEY Cara Louise, LEVERETTE Marc et OTT Brian, *It's Not TV: Watching HBO in the Post-Television Era*, London, Routledge, 2008.

BUXTON David, *Les Séries télévisées. Forme, idéologie et mode de production*, Paris, L'Harmattan, 2010.

CAÏRA Olivier, *Définir la fiction. Du roman au jeu d'échecs*, Paris, Éditions de l'EHESS, 2011.

CARDON Dominique, « Le design de la visibilité : un essai de typologie du web 2.0 », *Réseaux*, n° 152, 2008, p. 93-137.

CARDWELL Sarah, "Is Quality Television Any Good?", *in* MCCABE Janet et AKASS Kim (dir.), *Quality TV: Contemporary American Television and Beyond*, London, I. B. Tauris, 2007, p. 19-34.

CAVELL Stanley, *Le cinéma nous rend-il meilleurs ?*, Paris, Bayard, 2005.

CHALVON-DEMERSAY Sabine, *Mille scénarios. Une enquête sur l'imagination en temps de crise*, Paris, Métailié, 1994.

—, « La confusion des sentiments. Une enquête sur la série télévisée *Urgences* », *Réseaux*, n° 95, 1999, p. 235-283.

—, « Enquête sur des publics particulièrement concernés. La réception de *L'Instit* et d'*Urgences* », *in* CEFAÏ Daniel et PASQUIER Dominique (dir.), *Les Sens du public. Publics politiques, publics médiatiques*, Paris, PUF, 2003, p. 503-519.

—, « Fiction policière et identité sociale virtuelle », *in* BEYLOT Pierre et SELLIER Geneiève (dir.), *Les Séries policières*, Paris, INA/L'Harmattan, 2004, p. 305-326.

—, « Le deuxième souffle des adaptations », *L'Homme*, n° 175-176, 2005, p. 77-112.

CHANIAC Régine et JEZEQUEL Jean-Pierre, *Télévision et cinéma. Le désenchantement*, Paris, Nathan/INA, 1998

COLLOVALD Annie et NEVEU Érik, *Lire le noir. Enquête sur les lecteurs de récits policiers*, Paris, BPI/CGP, 2004.

COLONNA Vincent, *L'art des séries télé ou comment surpasser les Américains*, Paris, Payot, 2010.

COMBES Clément, « La consommation de séries à l'épreuve d'Internet. Entre pratique individuelle et activité collective », *Réseaux*, n° 165, 2011, p. 137-163.

COREL Denys, DE FROBERVILLE Antoine et TOULET Ronan, « Comment on dénature les séries : le sort de *Buffy* », *in* WINCKLER Martin (dir.), *Les Miroirs obscurs. Grandes séries américaines d'aujourd'hui*, Au diable vauvert, 2005, p. 427-433.

CORROY Laurence, « Un feuilleton hexagonal qui plaît : *Plus belle la vie* », in *Les Jeunes et les Médias. Les raisons du succès*, Paris, Vuibert/CLEMI/INA, 2008, p. 83-103.

DAGIRAL Éric et TESSIER Laurent, « 24 heures ! Le sous-titrage amateur des nouvelles séries télévisées », *in* GAUDEZ Florent (dir.), *Les Arts moyens aujourd'hui. Tome II*, Paris, L'Harmattan, 2008, p. 107-123.

DARRÉ Yann, *Histoire sociale du cinéma français*, Paris, La Découverte, coll. « Repères », 2000.

—, « Esquisse d'une sociologie du cinéma », *Actes de la recherche en sciences sociales*, n° 161-162, 2006, p. 122-136.

DAYAN Daniel (dir.), *À la recherche du public. Réception, Télévision, Médias*, Hermès, vol. 11-12, 1993.

—, « Le double corps du téléspectateur », *in* PROULX Serge (dir.), *Accusé de réception. Le spectateur construit par les sciences sociales*, Laval/Paris, Presses de l'Université de Laval/L'Harmattan, 1998, p. 175-189.

—, « Télévision, le presque-public », *Réseaux*, n° 100, 2000, p. 427-456.

DE BAECQUE Antoine, *La Cinéphilie. Invention d'un regard, histoire d'une culture. 1944-1968*, Paris, Hachette, coll. « Pluriel Arts », 2005

DE SAINT-MAURICE Thibaut, *Philosophie en séries*, Paris, Ellipses, 2009.

DUMASY Lise (dir.), *La Querelle du roman-feuilleton. Littérature, presse et politique, un débat précurseur. 1836-1848*, Grenoble, Ellug, 2000.

DUPONT Françoise, *Homère et Dallas*, Paris, Hachette, 1990.

ECO Umberto, « TV : La transparence perdue », in *La Guerre du faux*, Paris, Grasset/Fasquelle, 1985, p. 196-220.

—, « Innovation et répétition, entre esthétique moderne et post-moderne », *Réseaux*, n° 68, 1994.

—, « Quelques commentaires sur les personnages de fiction », *SociologieS* [en ligne], 2010, http://sociologies.revues.org/index3141.html.

ELLIS John, *Visible Fictions*, Londres, Routledge, 1982.

ENGEL Pascal, *La Vérité. Réflexions sur quelques truismes*, Paris, Hatier, 1998.

ENGEL Pascal et RORTY Richard, *À quoi bon la vérité ?*, Paris, Grasset/Fasquelle, 2005.

ESQUENAZI Jean-Pierre, « *Friends*. Une communauté télévisuelle », *in* LE GUERN Philippe (dir.), *Les Cultes médiatiques. Culture fan et œuvres cultes*, Rennes, PUR, 2002, p. 233-261.

—, *Politique des auteurs et théories du cinéma*, Paris, L'Harmattan, 2003.

—, *La Vérité de la fiction. Comment peut-on croire que les récits de fiction nous parlent sérieusement de la réalité ?*, Paris, Hermès Lavoisier, 2009.

—, *Mythologies des séries télévisées*, Paris, Le Cavalier bleu, 2009.

—, *Les Séries télévisées. L'avenir du cinéma ?*, Paris, Armand Colin, 2010.

ETHIS Emmanuel, *Pour une po(ï)étique du questionnaire en sociologie de la culture. Le spectateur imaginé*, Paris, L'Harmattan, 2004.

—, *Sociologie du cinéma et de ses publics*, Paris, Armand Colin, coll. « 128 », 2005.

—, « Le cinéma, cet art subtil du rendez-vous », *Communication et langages*, n° 154, 2007, p. 11-21.

—, *Sociologie du cinéma et de ses publics*, Paris, Armand Colin, 2009 (1re éd. 2005).

ETHIS Emmanuel, FABIANI Jean-Louis et MALINAS Damien, *Avignon ou le Public participant. Une sociologie du spectateur réinventé*, Montpellier, L'Entretemps, 2008.

EVANS Christophe et GAUDET Françoise, « La lecture de bandes dessinées », *Culture Études. Département des études, de la prospective et des statistiques*, n° 2, 2012, p. 8

FEUER Jane, "HBO and the Concept of Quality TV", *in* MCCABE Janet et AKASS Kim (dir.), *Quality TV: Contemporary American Television and Beyond*, London, I. B. Tauris, 2007, p. 145-157.

FEUER Jane, KERR Paul et VAHIMAGI Tise (dir.), *MTM Quality Television*, Londres, BFI Publishing, 1984.

FLICHY Patrice, *Le Sacre de l'amateur. Sociologie des passions ordinaires à l'ère numérique*, Paris, Seuil, 2010.

FRICHE PAPE Marie-José, *Réflexion de femmes sur des femmes : étude de réception de la série télévisée* Desperate Housewives, mémoire de certificat, Université de Genève, 2007.

FROW John, *Cultural Studies and Cultural Value*, Oxford, Oxfort University Press, 1995.

—, “Cultural studies et valeur culturelle”, *in* GLEVAREC Hervé (dir.), *Cultural Studies. Anthologie*, Paris, Armand Colin, 2008 (1re éd. 1995).

GAILLARD Isabelle, « De l’étrange lucarne à la télévision. Histoire d’une banalisation (1949-1984) », *Vingtième siècle*, vol. 3, n° 91, 2006, p. 9-23.

GENETTE Gérard, *Palimpsestes*, Paris, Seuil, coll. « Points Essais », 1982.

—, « Peut-on aimer un genre ? », *in* MICHAUX Yves (dir.), *Qu’est-ce que la culture ?*, Paris, Odile Jacob, vol. 6, 2001.

GITLIN Todd, *Inside Prime Time*, New York, Pantheon Books, 1985.

GLEVAREC Hervé, « Du canular radiophonique à l’effet réel », *in* MAJASTRE Jean-Olivier et PESSIN Alain (dir.), *Du canular dans l’art et la littérature*, Paris, L’Harmattan, 1999, p. 75-94.

—, « La fin du modèle classique de la légitimité culturelle. Hétérogénéisation des ordres de légitimité et régime contemporain de justice culturelle. L’exemple du champ musical », *in* MAIGRET Éric et MACÉ Éric (dir.), *Penser les médiacultures. Nouvelles pratiques et nouvelles approches de la représentation du monde*, Paris, Armand Colin/INA, 2005, p. 69-102.

—, « Le reportage radiophonique des “évènements” Mai 1968 a-t-il inventé “l’effet de réel” en radio ? », *in* DELPORTE Christian *et al.* (dir.), *Images et sons de Mai 68 (1968-2008)*, Paris, Nouveau monde Éditions, 2010, p. 35-54.

—, *La Culture de la chambre. Préadolescence et culture contemporaine dans l’espace familial*, Paris, La Documentation française, 2010.

—, « La tablature des genres culturels appliquée à la télévision », *Les Cahiers de la SFSIC*, n° 5, 2010, p. 18-19.

—, *La sociologie de la culture à l’ère de la diversité, Essai critique trente ans après* La Distinction, Paris, éditions de l’Aube, 2013.

—, « Trouble dans la fiction. Effets de réel dans les séries télévisées contemporaines et post-télévision », *Questions de communication*, n° 18, 2010, pp. 215-38.

GLEVAREC Hervé et PINET Michel, « “Cent fois mieux qu'un film.” Le goût des jeunes adultes pour les nouvelles séries télévisées américaines », *Médiamorphoses*, n° hors-série janvier 2007, p. 124-133.

—, « La “tablature” des goûts musicaux : un modèle de structuration des préférences et des jugements », *Revue française de sociologie*, vol. 50, n° 3, 2009, p. 599-640.

—, « Attachement à des univers fictionnel et déplacement du champ du dicible et du pensable », dans JULIER-COSTES Martin et LACHANCE Jocelyn (dir.), *Séries cultes chez les jeunes et adolescents*, Laval, Presses Universitaires de Laval, 2013.

—, « De la distinction à la diversité culturelle. Éclectismes qualitatifs, reconnaissance culturelle et jugement d'amateur », *L'Année sociologique*, n° 2, 2013.

—, “Tablatures of Musical Tastes in contemporary France: Distinction without intolerance”, *Cultural Trends*, vol. 21, n° 1, 2012, p. 67-88.

GLEVAREC Hervé, MACÉ Éric et MAIGRET Éric (dir.), *Cultural Studies. Anthologie*, Paris, Armand Colin, 2008.

GOFFMAN Erving, *Les Cadres de l'expérience*, Paris, Éditions de Minuit, 1991 (1re éd. 1974).

GRANJON Fabien et DENOUËL Julie, « Exposition de soi et reconnaissance de singularités subjectives sur les sites de réseaux sociaux », *Sociologie*, vol. 1, n° 1, 2010, p. 25-43.

GROENSTEEN Thierry, « Contre-culture, culture de masse ou divertissement ? L'étrange destin de la bande dessinée », *Esprit*, 2002, p. 267-276.

GUMPERZ John, *Engager la conversation*, Paris, Éditions de Minuit, 1989.

GUY Jean-Michel, *La Culture cinématographique des Français*, Paris, La Documentation française, 2001.

HARTLEY John, “Invisible Fictions, Paedocracy, Pleasure”, *Textual Practice*, vol. I, n° 2, 1987, p. 121-38.

HEINICH Nathalie, *Le Triple jeu de l'art contemporain*, Paris, Éditions de Minuit, 1998.

—, *Ce que l'art fait à la sociologie*, Paris, Éditions de Minuit, 1998.

—, « Aux origines de la cinéphilie : les étapes de la perception artistique », *in* ESQUENAZI Jean-Pierre (dir.), *Politique des auteurs et théories du cinéma*, Paris, L'Harmattan, 2003, p. 9-38.

HENNION Antoine, « Ce que ne disent pas les chiffres… Vers une pragmatique du goût », *in* DONNAT Olivier et TOLILA Paul (dir.), *Le(s) Public(s) de la culture, Politiques publiques et équipements culturel*, Paris, Presses de Sciences Po, 2003, p. 287-304.

—, « Une sociologie des attachements. D'une sociologie de la culture à une pragmatique de l'amateur », *Sociétés*, vol. 3, n° 85, 2004, p. 9-24.

—, « Affaires de goût. Se rendre sensible aux choses », *in* PERONI Michel et ROUX Jacques (dir.), *Sensibiliser. La sociologie dans le vif du monde*, La Tour d'Aigues, Éditions de l'Aube, 2006, p. 161-174.

—, « Réflexivités. L'activité de l'amateur », *Réseaux*, n° 153, 2009, p. 55-78.

HENNION Antoine et MAISONNEUVE Sophie, *Figures de l'amateur*, Paris, La Documentation française, 2001.

HERZOG Herta, "What do we really know about daytime serial listeners", *in* LAZARSFELD Paul et STANTON Franck (dir.), *Radio Research. 1942-1943*, New York, Duel/Sloan and Pearce, 1944, p. 3-33.

HILLS Matt, *Fan Cultures*, London/New York, Routledge, 2002.

JARAMILLO Deborah Lynn, "The Family Racket: AOL Time Warner, HBO, *The Sopranos*, and the Construction of a Quality Brand", *Journal of Communication Inquiry*, vol. 26, n° 1, 2002, p. 59-75.

JENKINS Henry, *Textual Poachers: Television Fans and Participatory Culture*, New York, Routledge, 1992.

JENKINS Steve, "*Hill Street Blues*", *in* FEUER Jane, KERR Paul et VAHIMAGI Tise (dir.), *MTM Quality Television*, Londres, BFI Publishing, 1984, p. 183-197.

JOST François, *La Télévision au quotidien*, Paris, De Boeck/INA, 2001.

—, *Introduction à l'analyse de la télévision*, Paris, Ellipses, 2004.

—, « Séries policières et stratégies de programmation », *in* BEYLOT Pierre et SELLIER Geneviève (dir.), *Les Séries policières*, Paris, INA/L'Harmattan, 2004, p. 57-83.

—, *Comprendre la télévision*, Paris, Armand Colin, 2005.

—, « Ruptures et retournements de la sémiologie des médias à l'ère de la communication », *Semen* [en ligne], n° 23, mis en ligne le 22 août 2007, consulté le 13 mars 2012, http://semen.revues.org/5091.

—, *De quoi les séries américaines sont-elles le symptôme ?*, Paris, CNRS Éditions, 2011.

JULLIER Laurent, *Qu'est-ce qu'un bon film ?*, Paris, La Dispute, 2002.

JULLIER Laurent et LEVERATTO Jean-Marc, *Cinéphiles et cinéphilie*, Paris, Armand Colin, 2010.

LAHIRE Bernard, *La Culture des individus. Dissonances culturelles et distinction de soi*, Paris, La Découverte, 2004.

LE GUERN Philippe (dir.), *Les Cultes médiatiques. Culture fan et Œuvres cultes*, Rennes, PUR, 2002.

—, « "No matter what they do, they can never let you down..." Entre esthétique et politique : sociologie des fans, un bilan critique », *Réseaux*, n° 153, 2009, p. 19-54.

LEVINE Laurence, *Culture d'en haut, culture d'en bas. L'émergence des hiérarchies culturelles aux États-Unis*, Paris, La Découverte, 2010.

MAIGRET Éric, « Strange grandit avec moi. Sentimentalité et masculinité chez les lecteurs de bandes dessinées de super-héros », *Réseaux*, n° 70, 1995, p. 79-103.

—, *Sociologie de la communication et des médias*, Paris, Armand Colin, 2003.

MARTUCCELLI Danilo, *La Société singulariste*, Paris, Armand Colin, 2011.

MCCABE Janet et AKASS Kim (dir.), *Quality TV: Contemporary American Television and Beyond*, London, I. B. Tauris, 2007.

MELMAN Charles, *La Nouvelle Économie psychique. La façon de penser et de jouir aujourd'hui*, Paris, Erès, 2009.

MENGER Pierre-Michel, « L'oreille spéculative. Consommation et perception de la musique contemporaine », *Revue française de sociologie*, vol. 27, n° 3, 1986, p. 445-479.

METZ Christian, *Le Signifiant imaginaire*, Paris, UGE, coll. « 10/18 », 1977.

–« À propos de l'impression de réalité au cinéma », *Essais sur la signification au cinéma I*, Paris, Klincksieck, 2003, p. 13-24.

MIGOZZI Jacques, « Mauvais genres et bons livres : ce n'est qu'un début, continuons le débat », *in* ARTIAGA Loïc (dir.), *Le Roman populaire. 1836-1960. Des premiers feuilletons aux adaptations télévisuelles*, Paris, Autrement, 2008, p. 157-167.

MILLE Murielle, « Rendre l'incroyable quotidien. Fabrication de la vraisemblance dans *Plus belle la vie* », *Réseaux*, n° 165, 2001, p. 53-81.

MORIN Edgar, *Le Cinéma ou l'Homme imaginaire. Essai d'anthropologie*, Paris, Éditions de Minuit, 1956.

—, *Les Stars*, Paris, Seuil, 1972 (1re éd. 1957).

MORLEY David, "Texts, readers, subjects", *in* HALL Stuart *et al.* (dir.), *Culture, Media, Language*, London/New York, Routledge, 1980, p. 163-173.

MORLEY David et BRUNDSON Charlotte, *The Nationwide Television Studies*, London, Routledge, 1999.

NACACHE Jacqueline, *Hollywood, l'ellipse et l'infilmé*, Paris, L'Harmattan, 2001.

NINEY François, *Le Documentaire et ses faux-semblants*, Paris, Klincksieck, 2009.

PASQUIER Dominique, *Les Scénaristes et la Télévision. Approche sociologique*, Paris, Nathan/INA, 1995.

PETERSON Richard, "A Process Model of the Folk, Pop and Fine Arts Phases of Jazz", *in* NANRY Charles (dir.), *American Music: From*

Storyville to Woodstock, New Brunswick, Transaction Publishers, 1972, p. 135-151.

POUIVET Roger, *L'Ontologie de l'œuvre d'art*, Paris, Vrin, 2010.

POURTIER-TILLINAC Héloïse, « La fin du réalisme dans les séries télévisées. La narration à portée généralisante, un tournant télévisuel ? », *Réseaux*, n° 1, 2010, p. 24-51.

PRIETO Luis, *Pertinence et pratique. Essai de sémiologie*, Paris, Éditions de Minuit, 1975.

PROPP Vladimir, *Morphologie du conte*, Paris, Seuil, coll. « Points Essais », 1970.

QUÉFFELEC-DUMASY Lise, *Le Roman-feuilleton au XIXe siècle*, Paris, PUF, coll. « Que sais-je ? », 1999.

QUÉRÉ Louis et OGIEN Albert, *Le Vocabulaire de la sociologie de l'action*, Paris, Ellipses, 2005.

RADWAY Janice, *Reading the Romance: Women, Patriarchy and Popular Literature*, Chapel Hill, UNC Press, 1984.

ROMAN Monique, *Le Film de cinéma à la télévision*, Paris, INA/Carat-TV, 1990.

ROUEFF Olivier, « De la légitimité du jazz », *in* DONNAT Olivier et TOLILA Paul (dir.), *Le(s) Public(s) de la culture, Politiques publiques et équipements culturel*, Paris, Presses de Sciences Po, 2003, p. 319-341.

SCASSO Claude, « Entretien avec Howard Gordon, Producteur exécutif de *24 Heures Chrono* », *La Gazette des scénaristes*, n° 20, 2004, p. 74-76.

SCHAEFFER Jean-Marie, « Du texte au genre. Notes sur la problématique générique », *in* GENETTE Gérard (dir.), *Théorie des genres*, Paris, Seuil, coll. « Points Essais », 1986, p. 179-205.

—, *Pourquoi la fiction ?*, Paris, Seuil, 1999.

—, « Quelles vérités pour quelles fictions ? », *L'Homme*, n° 175-176, 2005, p. 19-36.

—, « Préface », *in* CAÏRA Olivier, *Définir la fiction. Du roman au jeu d'échecs*, Paris, Éditions de l'EHESS, 2011, p. 7-12.

SEGER Linda, *Faire d'un bon scénario un scénario formidable*, Paris, Éditions Dixit, 2005.

SEPULCHRE Sarah, *Décoder les séries télévisées*, Paris, De Boeck, 2011.

THOMPSON Robert, *Television's Second Golden Age: From Hill Street Blues to Er*, New York, Syracuse University Press, 1997.

VAN DE VELDE Cécile, *Devenir adulte : Sociologie comparée de la jeunesse en Europe*, Paris, PUF, 2008.

VEYRAT-MASSON Isabelle, *Télévision et histoire, la confusion des genres. Docudramas, docufictions et fictions du réel*, Paris, De Boeck, 2008.

VILLEZ Barbara, *Séries télé : visions de la justice*, Paris, PUF, 2005.

—, « Comment vivre avec la catastrophe ? Une série télé : *Lost* », *Esprit*, n° mars-avril 2008, p. 112-123.

WINCKLER Martin, *Les Miroirs de la vie. Histoire des séries américaines*, Le Passage, 2002.

CPI
AUBIN IMPRIMEUR

Achevé d'imprimer en septembre 2012
N° d'impression 1209.0192
Dépôt légal, octobre 2012
Imprimé en France